AF285469

Pusteblume

Das Lesebuch 3

Sachsen

Neubearbeitung

Herausgegeben von Wolfgang Menzel

Erarbeitet von
Anita Hübner, Borkheide
Sventje Marquardt, Berlin
Katrin Prescher, Kamenz
Anika Şahin, Blankenfelde
Uta Sommer, Panketal

Unter Einbeziehung der Erarbeitung von
Angelika Föhl, Nadine Pistor, Sonja Romahn,
Helga Schön und Ursula Schwarz

Illustriert von
Lisa S. Rackwitz, Anke Rauschenbach, Sabine Wiemers,
Barbara Gerth, Matthias Berghahn, Angelika Çıtak,
Susanne Göhlich, Marie Hübner, Stefanie Klaßen,
Bettina Kumpe, Susanne Schulte

Inhaltsverzeichnis

Im Buch stöbern

Ich, du, wir

Gesund leben

Kompetenzseiten: Lernen lernen
Texte verstehen
Mit Geschichten umgehen
Mit Gedichten umgehen
Theater spielen

Leben auf dem Land

Bücher und andere Medien

Auf der Wiese

Vom Wasser und vom Wetter

Kompetenzseiten: Lernen lernen
Texte verstehen
Mit Geschichten umgehen
Mit Gedichten umgehen
Theater spielen

Früher und heute

Kompetenzen | Verweis auf Lesebuchseite | Verweis auf Hör-CD

Detektive

Gefühle

Kompetenzseiten: Lernen lernen
Texte verstehen
Mit Geschichten umgehen
Mit Gedichten umgehen
Theater spielen

Im Jahreskreis

Anhang

▸ Kompetenzen ▸ Verweis auf Lesebuchseite ▸ Verweis auf Hör-CD

Im Buch stöbern

◇ **1** Lies die Karten an der Pinnwand.

◇ **2** Suche dir fünf Karten von der Pinnwand aus. Schreibe die Antworten auf.

- Fachbegriffe klären
- sich im Buch orientieren

◇ **3** Denke dir selbst eine Suchaufgabe für ein anderes Kind aus.

Wichtige Zeichen im Buch

1 So ein Zeichen steht vor jeder Aufgabe.

2 Eine Zusatzaufgabe erkennst du an dieser Farbe.

Zusatztexte erkennst du auch an dieser Farbe.

Ich – du – wir

Ich spiele allein, mit dir oder mit euch

◇ **1** Beschreibe die Bilder.

◇◇ **2** Spielst du lieber allein oder mit Freunden? Erzähle.
Wie fühlst du dich beim Spielen mit deinen Freunden?
Wie fühlst du dich, wenn du alleine spielst?

▸ erzählen

Freunde sind wichtig

Georg Bydlinski

Freunde sind wichtig
zum Rudern und Reiten,
Freunde sind wichtig
zum Freunde-Begleiten,

Freunde sind wichtig,
zum Aufgabenmachen,
Freunde sind wichtig
zum Weinen und Lachen,

Freunde sind wichtig
zum Träumen und Reden,
Freunde sind einfach
wichtig für jeden!

◇ **1** Wann sind dir deine Freunde wichtig?
Wann vermisst du deine Freunde? Erzähle.

◇◇ **2** Gibt es jemanden, der dir besonders wichtig ist?
Begründe deine Antwort.

◇◇ **3** Schreibe selbst:
Freunde sind wichtig …

- über einen Text nachdenken
- Gedanken formulieren

Ich male Bilder in meinem Kopf

Dirk Janke

Tim und Sebastian gehen in die gleiche Schule, aber in verschiedene Klassen. Sie treffen sich zufällig auf dem Nachhauseweg. Tim weiß, dass Sebastian von Geburt an blind ist. Sie gehen nebeneinanderher, und Tim fragt:

„Wie ist'n das, wenn man blind ist?"
„Das ist schwierig zu erklären", antwortet Sebastian. „Ich bin schon von Geburt an blind und kenn das ja nicht anders. Aber wenn man nichts sieht, dann muss man genauer hören, was um einen herum passiert. So, wie du dir wahrscheinlich Gesichter merkst, merke ich mir die Stimmen der anderen Kinder und versuche, sie daran wiederzuerkennen."
„Das heißt, du weißt nicht, wie ein Formel-1-Wagen aussieht, der Himmel, ein Tisch oder die Farbe Grün?"
„Nein!", antwortet Sebastian.
„Aber ich habe das alles für mich noch einmal neu erfunden. Menschen oder Dinge, die ich noch nicht kenne, muss ich mir vorstellen. Ich male Bilder in meinem Kopf, die zu den Geräuschen, zu den Gerüchen oder zu dem, was ich fühle oder schmecke, passen. Ob das wirklich so aussieht, weiß ich natürlich nicht!"
Tim hört aufmerksam zu. Er will mehr erfahren:
„Und was ist mit Fahrradfahren, Fußballspielen oder Rumtoben? Kannst du so was?"
„Ja, schon", sagt Sebastian, „aber das geht nur, wenn man mir hilft. Mit meinen Eltern, meiner Schwester oder mit Frau Ludwig, meiner Hilfslehrerin, mach ich das manchmal. Die laufen beim Fahrradfahren dann neben mir her und sagen, in welche Richtung ich fahren muss."
„Und was ist mit Fußball?", will Tim wissen.
„Fußball kann keiner von denen!", sagt Sebastian leise.
„Aber ich kann Fußball spielen!", ruft Tim und springt auf.

„Und das sogar ziemlich gut. Ich habe heute in Sport das einzige Tor geschossen. Ich könnte dir ein paar von meinen Tricks beibringen."
Tim ist ganz aufgeregt. Sie überlegen gemeinsam, welches Fußballtraining Sebastian machen könnte, und verabreden sich gleich für das nächste Wochenende.

„Jetzt muss ich aber los", sagt Tim, „sonst macht sich meine Mutter Sorgen. Die wartet wahrscheinlich schon mit dem Essen!"
„Ist bei mir genauso", erwidert Sebastian und fügt dann noch hinzu: „Also, wir sehen uns morgen in der Schule!"
Beide lachen laut.

Zu Hause angekommen, stellt Tim seine Schultasche ins Zimmer, wäscht sich die Hände, geht in die Küche und setzt sich still an den Küchentisch.
Seine Mutter fragt verwundert:
„Willst du denn heute gar nicht wissen, was es gibt? Das ist doch sonst immer deine erste Frage, wenn du von der Schule kommst!"
„Diesmal nicht", sagt Tim.
„Ich will etwas ausprobieren ..."
Als die Mutter ihm den Teller auf den Tisch stellt, schließt er fest die Augen.

◇ **1** Sebastian kann nicht mit den Augen sehen.
Wie kann er trotzdem Kinder voneinander unterscheiden?

◇◇ **2** Was meint Sebastian mit dem Satz
Ich male mir Bilder im Kopf? Erkläre.

◇◇ **3** Was will Tim am Mittagstisch ausprobieren?
Probiere das auch einmal aus.
Was fühlst du? Was schmeckst du?

◇ **4** Recherchiere zum Thema **Blindsein**,
zum Beispiel bei *www.fragfinn.de.*

- Informationen entnehmen
- über Erfahrungen sprechen
- recherchieren

▸ Lernen lernen S. 20

▸ Hör-CD: Nr. 1/1

Echte Freundschaft, die wichtigste Sache der Welt!

Susanne Gaschke

A Freundschaft, das ist eine eigenartige, geheimnisvolle, kostbare Sache. Sie hat mit Zuneigung zu tun, mit Vertrauen, mit einer sehr engen Bindung. Wir können offenbar nicht mit allen Menschen gleich stark befreundet sein:

Wenn jemand mein bester Freund ist, dann bedeutet das irgendwie, dass andere es nicht sein können. **Wir zwei** (manchmal auch **wir drei** oder **wir vier**) teilen etwas ganz Besonderes.

B Wenn dieses Gefühl und damit eine Freundschaft bedroht ist, dann löst das Angst und Eifersucht aus. Denn so schön es ist, einen Freund zu haben, man hat eben auch etwas zu verlieren. Und so zeigt sich echte Freundschaft besonders oft dann, wenn es Schwierigkeiten gibt, wenn unsere Treue und Verlässlichkeit getestet werden.

Wenn man sich furchtbar streitet, aber doch wieder verträgt. Oder wenn es so aussieht, als ob ein Freund sich von uns abwendet, weil er plötzlich andere Leute „cooler" findet.

C Es ist selten so, dass einem eine Freundschaft einfach in den Schoß fällt. Man muss etwas dafür tun: sich Mühe geben, Zeit haben, auch Fehler verzeihen.

Und auf keinen Fall darf man den anderen ausnutzen: Wenn ich nur so lange freundlich zu jemandem bin, wie ich seine Mathe-Hausaufgaben abschreiben darf, dann ist das ein Handel, keine Freundschaft.

D Lohnt sich dieser ganze Aufwand eigentlich? Reicht es nicht, sich mit ein paar „Freunden“ auf Facebook auszutauschen, wenn man gerade mal Lust dazu hat? Anscheinend nicht. Anscheinend gehört Freundschaft mit dem ganzen Drumherum und der ganzen Mühe tatsächlich zu den allerwichtigsten Dingen im Leben.

Forscher, die Kinder aus ganz unterschiedlichen Gründen darüber befragen, was ihnen wichtig ist, hören immer die gleiche Antwort: Das Wichtigste überhaupt sind Freunde. Freundschaft scheint bedeutsamer zu sein als Schule, Hobbys, Musik und Klamotten. Wer keinen Freund oder keine Freundin hat, der hat es also ziemlich schwer.

1 Für eine Freundschaft muss man etwas tun

2 Freundschaft gehört zu den allerwichtigsten Dingen im Leben

3 Freundschaft – eine besondere Sache

4 Eine gute Freundschaft zeigt sich bei Schwierigkeiten

◇ **1** Ordne die Überschriften den Abschnitten zu.
Notiere deine Ergebnisse:
A – 3
B – … …

▶ Zwischenüberschriften zuordnen
▶ kooperativ arbeiten

▶ Texte verstehen S. 40

Karolino, das karierte Zebra

Hannelore Börstler

Zebra Stricheline trägt in ihrem dicken Bauch ein Zebrakind. Sie freut sich sehr auf die Geburt ihres ersten Kindes. Von ihren Tierpflegern, Frau Streichel und Herrn Striegel, wird sie jetzt besonders verwöhnt. Die beiden tragen große Strohballen in den Stall. Daraus errichten sie ein Lager für das Zebrakind. Es soll warm und weich liegen.

Frau Streichel und Herr Striegel schließen morgens das Zebrahaus auf. „Oh, was liegt denn da im Stroh!“, ruft Frau Streichel laut vor Freude. Ein kleines, neugeborenes Zebra liegt zusammengekauert neben seiner Mutter Stricheline. „Bist du niedlich“, sagt Herr Striegel und nimmt das kleine Köpfchen zwischen seine Hände, „herzlich willkommen in unserem Tierpark.“ Doktor Hatschi eilt mit seiner Instrumententasche zum Zebrastall. „Guten Morgen, alle zusammen“, grüßt er und geht sofort zu Stricheline und ihrem Kind. Er untersucht das Zebrakind ganz gründlich. Mit dem Stethoskop hört er sich die Herztöne an. „Ich glaube, das kleine Zebra ist kerngesund“, erklärt er zufrieden, „es ist ein kleines Männchen.“ „Aber irgendwas ist hier nicht in Ordnung“, meint er nachdenklich. Alle sind plötzlich mucksmäuschenstill. „Was ist nicht in Ordnung?“, fragt Stricheline besorgt. „Seht euch euer Fell an und vergleicht es mit dem Fell des Kleinen“, fordert er die Tiere auf. Die Zebras gucken an sich herunter. Sie betrachten gegenseitig ihr Fell. „Wir haben alle ein schwarz-weißes Zebrafell“, sagt Vater Zebra.

„Das stimmt, aber seht euch mal die Richtung der Streifen an“, bemerkt Doktor Hatschi. „Das ist doch nicht zu glauben“, ruft Oma Zebra erstaunt, „der Kleine ist am ganzen Körper kariert!“

„Heute gehen wir zusammen raus. Ich zeige dir unser großes Gehege“, sagt Stricheline zu ihrem kleinen Wunderzebra. Das kleine Zebra staunt über das große Gehege mit den vielen hohen Bäumen. Etwas wackelig stapft es durch den weichen Sand. „Guckt doch, wie prima es schon läuft“, bemerkt Oma Zebra begeistert. „Mein Sohn wird ein großes, prächtiges Zebra“, erklärt Vater Zebra stolz. Alle Zebras nicken zustimmend. Auf dem Baum, im gegenüberliegenden Gehege, sitzt Schimpansenjunge Baumel.

Baumel entdeckt jetzt das kleine Zebra. „Ha, ha, ha, das ist ja kariert“, lacht Schimpanse Baumel. Er lacht so heftig, dass er sich den Bauch festhält. „Karo, karo!“, brüllt er durch den Tierpark. Die Zebrafamilie ist empört darüber. „Hör nicht hin, mein Kleiner“, sagt Stricheline zu ihrem Kind. „Mutti, bin ich falsch gestreift?“ fragt das Zebrakind. „Du bist nicht falsch gestreift, du bist anders gestreift“, erklärt Mutter Zebra. Das Zebra ist trotzdem traurig und geht zurück in den Stall. „Ich möchte nicht mehr rausgehen. Draußen werde ich nur ausgelacht“, antwortet das kleine Zebra und legt sich ins Stroh.

◇ **1** Warum ist das kleine Zebra so traurig?

◇◇ **2** Wie könnte die Geschichte weitergehen?

◇ **3** Spielt die Geschichte in Gruppen mit einem von euch ausgedachten Ende nach.

Marie küsst einen Frosch

Christian Tielmann

Maries Schulklasse will beim Schulfest ein Märchen aufführen. „Wir brauchen eine Fee, eine Prinzessin, einen Prinzen, einen Frosch, ein Nashorn, ein Wildschwein, einen Lehrer und ein paar Räuber“, sagt Herr Baum, der Lehrer.

„Ich will die Prinzessin sein!“, ruft Lilly.

„Ich auch!“, ruft Johanna.

„Ich auch!“, ruft Marie.

Und auch die anderen Mädchen in der Klasse wollen am liebsten die Prinzessin sein.

„Die Prinzessin muss aber den Frosch küssen, und der Prinz muss die Prinzessin küssen“, sagt Herr Baum.

Marie ist das egal. Sie will trotzdem die Prinzessin spielen.

„Küssen?“, ruft Jaro. „Küssen ist doch total peinlich! Ich bin jedenfalls kein Prinz!“

„Ich auch nicht!“, ruft Finn. „Ich auch nicht!“, ruft Leon.

„Schade“, denkt Marie. Denn Leon wäre ein prima Prinz, findet sie. Aber natürlich nur, wenn Marie die Prinzessin wäre.

„Dann losen wir am besten aus, wer Prinzessin und wer Prinz wäre“, sagt Herr Baum. Jeder Junge und jedes Mädchen muss ein Los ziehen. „Bitte, bitte, liebes Prinzessinnen-Los. Nimm mich!“, denkt Marie. Dann kneift sie die Augen zu und zieht ihr Los. Aber noch bevor sie es lesen kann, schreien die Jungs: „Leon ist der Prinz!“ Marie faltet ihren Zettel auf. Und da steht es: „Prinzessin!“

„Und Marie ist die Prinzessin!“, brüllt Julia, die Marie über die Schulter geschaut hat.

„Typisch Marie! Die hat natürlich immer Glück“, motzt Lilly.

Und auch die anderen Mädchen sind traurig, weil sie nicht Prinzessin geworden sind. Aber dann ruft Jaro: „Leon und Marie! Das Liebespaar! Küsst euch mal!“

„Nie im Leben küss ich die Marie!“, sagt Leon trotzig.

„Die stinkt doch wie eine alte Kröte." Seine Freunde Jaro und Finn lachen. Dabei meint Leon das gar nicht ernst. Denn eigentlich findet er Marie klasse. Und er würde sie sogar ganz gerne mal küssen. Aber Leon will, dass Jaro aufhört, dauernd vom Liebespaar zu reden.

„Ich stinke nicht wie eine Kröte!", ruft Marie wütend. „Und von so einem Nilpferd wie Leon lasse ich mich sowieso nicht küssen!" Johanna und Lilly kichern.

„Sag noch mal, dass ich ein Nilpferd bin, dann drehe ich dir den Hals um!" Leon ballt die Fäuste. „Glaubst du etwa, ich hab Angst vor dir?" Marie lacht.

„Das reicht jetzt!", ruft Herr Baum. „Ihr müsst euch nicht wirklich küssen. Es ist doch nur ein Theaterstück. Ihr tut nur so, als würdet ihr euch küssen. Aber in Wirklichkeit küsst ihr in die Luft!"

In den nächsten Tagen macht die Schule plötzlich Spaß. Denn die Klasse übt das Theaterstück. Und Marie merkt sich ganz genau, was sie als Prinzessin alles machen muss. Die Fee im Märchen sagt der Prinzessin, dass sie einen Frosch küssen soll. Aber die Prinzessin ist vergesslich. Sie küsst zuerst ein Nashorn. Das Nashorn verwandelt sich in einen Räuber. Dann küsst die Prinzessin ein Wildschwein. Das Wildschwein verwandelt sich in einen Lehrer. Dann erst küsst die Prinzessin den Frosch. Der Frosch verwandelt sich in einen Prinzen.

Bei der Aufführung auf dem Schulfest ist Marie ganz aufgeregt. Sie küsst erst das Wildschwein und das Nashorn. Das Publikum lacht sich schlapp. Dann küsst Prinzessin Marie endlich den Frosch. Da stolpert Prinz Leon auf die Bühne und sagt: „Hallo Prinzessin! Danke, dass du mich erlöst hast." Und Prinz Leon küsst Marie! Und zwar ganz echt! „Du bist doch keine stinkende Kröte", flüstert der Prinz.

◇ **1** Warum lässt Herr Baum Lose ziehen?

◇◇◇ **2** Warum beschimpfen sich Marie und Leon, obwohl sie sich mögen?

▸ Informationen entnehmen
▸ Gedanken formulieren

▸ Hör-CD: Nr. 1/3

Aufgaben verstehen

1. Schritt: Leise lesen
Ich lese die Aufgabe leise durch.

2. Schritt: Noch einmal lesen
Ich lese die Aufgabe noch einmal durch.
Muss ich auf etwas Besonderes achten?

3. Schritt: Nachfragen
Habe ich etwas nicht verstanden?
Ich frage ein anderes Kind oder einen Erwachsenen.

4. Schritt: Kontrolliere
- Bin ich fertig mit der Aufgabe?
  Ich kontrolliere, ob ich alles bearbeitet habe.
- Gibt es noch eine weitere Aufgabe zu lösen?
  Ich fange wieder bei 1. an!

Probiere das mit den Aufgaben auf der nächsten Seite aus.

- Aufgaben verstehen
- gezielt nachfragen

▸ Ich – du – wir S. 12, 26

Aufgaben lesen und ein Bild malen

1. Nimm dir ein Blatt Papier.
2. Lege es quer vor dich hin.
3. Lies die Aufgaben 4 bis 10 durch, bevor du anfängst zu malen.
4. Male ein Haus.
5. Das Haus hat eine blaue Tür und drei gelbe Fenster.
6. Male auf die rechte Seite des Hauses zwei Freunde.
7. Das Mädchen trägt einen Rock und der Junge eine Hose.
8. Der Rock ist rot und die Hose gelb.
9. Die Kinder spielen mit einem grünen Ball.
10. Schreibe unter das Haus den Namen einer Freundin oder eines Freundes.

- genau lesen
- Handlungsanweisungen folgen

Fragen zu Bildern und Texten beantworten

Im Freibad

Niemand trägt heute eine Sonnenbrille. Dummerweise funktioniert die Dusche im Freibad nicht. Ein Kind hat seine gelbe Badehose im Wasser verloren. Zwei andere Kinder sehen das und lachen darüber. Ein Mädchen pustet viele Seifenblasen in die Luft.

Es wird von einem Jungen ins Wasser geschubst. Im großen Becken stößt ein dicker Mann ein Kind ins Wasser. Leider gibt es in diesem Schwimmbad keine Rutsche.

◇ **1** Arbeitet zu zweit.
Lest jeden Satz und vergleicht ihn mit dem Bild. Stimmt er?

◇◇ **2** Stellt euch gegenseitig Fragen zu dem Bild.
Was hängt am Hals vom Bademeister?

- genau lesen
- Bild und Texte vergleichen
- Fragen formulieren

▸ Wasser und Wetter S. 114

Ein aufregender Tag im Schwimmbad

In den Sommerferien an einem warmen Sommertag gingen Tom und Emil ins Freibad. Tom war schon den ganzen Morgen aufgeregt, vor Aufregung konnte er kaum etwas essen, denn er hatte sich vorgenommen, heute vom Dreimeterbrett zu springen. Das hatte er sich bisher noch nicht getraut.

Ob er es sich heute traute?

Nach langen Überlegungen erzählte Tom Emil von seiner Angst, Emil machte ihm viel Mut. Emil überlegte, wie er es geschafft hatte, vom Dreimeterbrett zu springen. Es fiel ihm wieder ein: Er guckte beim Laufen auf dem Sprungbrett nach vorne und nicht nach unten. Er erzählte Tom seinen Trick.

Tom wollte nun gleich versuchen, ob ihm der Trick helfen würde.

Toms Beine zitterten beim Betreten des Sprungbretts.

Er befolgte Emils Tipp und guckte am Ende des Sprungbretts nach vorne und sprang hinunter. Platsch!

Er hatte es geschafft. Den ganzen Tag sprangen Emil und Tom abwechselnd vom Sprungbrett.

Diesen Tag in den Ferien würden sie nicht vergessen.

◇ **1** Stellt euch gegenseitig Fragen zu dem Text und dem Bild.

Einen Text vorlesen und vortragen

Ich kann einen Text so vortragen,
dass die Zuhörer ihn besser verstehen und gern zuhören.

1. Schritt: Text aussuchen
Ich suche einen Text aus, den ich vorlesen möchte.
Das kann eine Geschichte, ein Sachtext oder ein Gedicht sein.

2. Schritt: Text lesen
Ich lese den Text mehrmals.
Dabei überlege ich:

- Wo muss ich Pausen machen?
- Welche Wörter will ich besonders betonen?
- Welche Stimmung wird in dem Text ausgedrückt: Spannung, Wut, Angst oder Fröhlichkeit?
- Wie kann ich Mimik und Gestik nutzen?
- Gibt es Gegenstände, die ich bei meinem Lesevortrag zeigen kann?

3. Schritt: Lesevortrag üben
Ich übe den Text für meinen Lesevortrag.

4. Schritt: Text vortragen
Ich trage den Text vor.
Meine Zuhörer geben mir
eine Rückmeldung zu meinem Vortrag.

Probiere das mit dem Text auf der nächsten Seite aus.

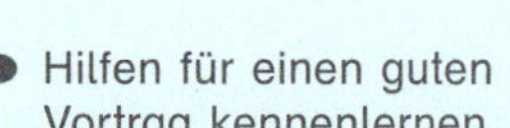
Hilfen für einen guten Vortrag kennenlernen

▸ Leben auf dem Land S. 58, 60
▸ Früher und heute S. 117

Fridolin sucht ein Geräusch

Brigitte Endres

Mitten in der Nacht wacht Fridolin auf. Er lauscht in die Dunkelheit. Es ist mäuschenstill. Viel zu still, um wieder einzuschlafen. Irgendetwas fehlt. Aber was? Und dann weiß er es: Das Geräusch ist weg! Fridolin klettert aus dem Bett und macht sich auf die Suche. Leise, leise öffnet er die Tür zum Elternschlafzimmer. **CHRCHRCHRCHR** – Nein, das ist nicht das richtige Geräusch. Fridolin schaut im Badezimmer nach. **TRIP-TROP-TRIP-TROP** – Das war's auch nicht! Im Flur ist es finster. Fridolin stolpert. **CHRCHZZZZZZZZZZ!** Fridolin erschrickt. „Schnurriburri, pass doch auf!“ Fridolin geht zurück ins Kinderzimmer. **TIPTAP-TIPTAP-TIPTAP.** Er spitzt die Ohren. Etwas huscht über den Boden. Blitzschnell und trippelleise. Das ist nicht das Geräusch, das Fridolin sucht – aber er weiß genau, wer es macht. Fridolin späht unters Bett. „Hamsel, komm da raus!“ Zwei Knopfaugen linsen ihn an, aber Hamsel kommt nicht raus. Fridolin scheucht Schnurriburri aus dem Zimmer. Dann legt er sich auf den Boden. Mit einer Karotte. „Hamsel, kooomm!“ **TIPTAP-TIPTAP-TIPTAP.** Eine rosa Nase schnuppert unterm Bett hervor. **WUSCH** – Fridolin schnappt zu! Er bringt Hamsel in seinen Käfig zurück und schiebt den Riegel vor das Türchen. Sehr müde und sehr erleichtert schlüpft Fridolin ins Bett. Sehr erleichtert ist auch Hamsel. Aber müde ist er noch lange nicht. **RATATATATATA-RATATATATATA**, rumort es leise im Kinderzimmer. Immer und immer wieder: **RATATATATATARATATATATATA.** Fridolin schließt die Augen. Na endlich! Und dann schläft er zufrieden ein.

Übungskiste

Aufgaben verstehen

◇ **1** Lies folgende Aufgaben durch, bevor du anfängst.

1. Lies dir den Text durch.
2. Schreibe den Text in dein Heft.
3. Unterstreiche die Nomen.
4. Erzähle, was im Text vorkommt.
5. Bearbeite nur Aufgabe 1 und 4.

Viele Freunde

An vielen Tagen treffen sich Freunde mit ihrem Spielzeug oder auf dem Spielplatz. Dort spielen sie Fangspiele oder bolzen auf dem Fußballplatz mit einem Ball. Sie verstehen sich gut, lachen viel miteinander und sind gut gelaunt.

An anderen Tagen kann es auch schon einmal zu einem Streit kommen. Manchmal streiten sich Freunde nur über eine Kleinigkeit: über ein Spielzeug oder über das Spiel, das sie spielen wollen. Häufig ist der Streit schnell gelöst, wenn die Kinder noch einmal freundlich über das Thema sprechen und sich einigen, was sie spielen oder wie man sich mit dem Spielzeug abwechseln kann.

Aber an manchen Tagen gibt es großen Streit und Freunde sagen böse Worte zueinander. Sie reden nicht mehr miteinander und sind traurig. Nach einiger Zeit sprechen die Kinder dann über ihren Streit. Gute Freunde vertragen sich nach einem Streit wieder und spielen danach gerne wieder zusammen.

▸ Texte und Aufgaben genau lesen ▸ Lernen lernen S. 20

Ideenkiste

Jeder kann etwas

Schreibt eure Namen auf kleine Zettel.
Faltet die Zettel und steckt sie in einen Beutel.
Zieht jetzt blind und ohne zu sprechen einen Namen.

Mache dir Gedanken zu dem Kind,
dessen Namen du gezogen hast.
Überlege, was dieses Kind besonders gut kann.
Was sind seine Stärken?
Gestalte ein Blatt mit deinem Text.
Du kannst auch ein Bild dazu malen.

Anna kann gut Streit schlichten.

Timmy ist der beste Witzerzähler weit und breit. Wenn ich mit ihm spiele, lachen wir uns kaputt.

Mariam kann auch ohne Sprache sehr gut zeigen, was sie will.

Hängt die Blätter in eurer Klasse auf.
Seht sie euch gemeinsam an und sprecht darüber.

- eine schriftliche Anleitung verstehen und durchführen
- sich austauschen

▸ Gefühle S. 165

Gesund leben

1 Sprecht darüber, was gut für unsere Gesundheit ist und was ihr schadet.

- erzählen und zuhören
- Vorwissen aktivieren

Gesundheit

Gesund sind wir, wenn wir uns körperlich und geistig wohlfühlen und unter guten Bedingungen leben und lernen können.

Jeder Mensch muss sich durch eine gesunde Lebensführung um seine eigene Gesundheit bemühen. Dazu gehören vor allem eine gesunde Ernährung, ein erholsamer Schlaf, richtige Körperpflege und ausreichend Bewegung. Ebenfalls wichtig sind Freunde zum Reden.

Unsere Gesundheit hängt aber auch von vielen äußeren Umständen ab, zum Beispiel von der Sauberkeit der Luft, des Wassers und des Bodens. Wie wir wohnen, hat ebenso Einfluss auf unsere Gesundheit. Eine feuchte Wohnung mit Schimmel an den Wänden macht krank. Dort, wo Menschen arbeiten, müssen sie vor Staub, Lärm, giftigen Stoffen und anderen Gefahren geschützt werden.

Auch die Herstellung und Verteilung von Lebensmitteln wird ständig überwacht, damit wir keine gesundheitlichen Schäden erleiden. Ansteckende Krankheiten oder Seuchen müssen verhütet und bekämpft werden.

◇◇ **1** Was kannst du selbst für deine Gesundheit tun?

◇ **2** Welche äußeren Umstände beeinflussen die Gesundheit?

◇◇◇ **3** Warum sind Freunde wichtig, um gesund zu bleiben?

◗ gezielt Informationen suchen ▶ Lernen lernen S. 158
◗ recherchieren

Gebratene Steine

Otfried Preußler

Der kleine Wassermann lebte mit seinen Eltern in einem Haus am Grund des Mühlenweihers. Unter Wasser erlebte er jeden Tag neue Abenteuer. Aber auch die geheimnisvolle Welt über Wasser wollte er erkunden und schlich sich immer wieder heimlich an Land ...

Am Rand der Wiese saßen drei Menschenjungen, die hatten ein Feuerchen angemacht und warfen von Zeit zu Zeit faustgroße gelbe Kieselsteine hinein. Nach einer Weile holten sie dann die Steine mit ihren Stecken wieder heraus, schabten die Asche herunter und aßen die Steine auf.

Darüber wunderte sich der kleine Wassermann sehr. Er wusste ja schon, dass die Menschen allerhand seltsame Gewohnheiten hatten, aber dass sie gebratene Steine verzehrten, das war ihm neu!

Kurz entschlossen verließ er das Schilf, überquerte die Wiese und fragte die Buben am Feuer: „Lasst ihr mich mal davon kosten? Ich habe nämlich mein Lebtag noch keine gebratenen Steine gegessen.“ „Wir auch nicht“, gaben die Buben zur Antwort. „Aber ich habe doch selber gesehen, dass ihr welche gegessen habt!“, sagte der kleine Wassermann eigensinnig. „Es sind wohl besondere Steine, die ihr da bratet?“ Da verstanden die Menschenjungen erst, was er meinte. Und sie mussten so schrecklich darüber lachen, dass sich die Kühe verwundert nach ihnen umschauten.

„Was?“, rief der eine Junge. „Gebratene Steine?“
„Das sind doch Erdäpfel!“, riefen die beiden anderen.
„Kennst du denn keine Erdäpfel?“
„Nein, woher soll ich die kennen“, sagte der kleine Wassermann.
„Erdäpfel heißen die Dinger?“
„Na hör mal, du machst wohl einen Narren aus uns? Wer bist du denn eigentlich?“
„Ich? Na, ich bin doch der kleine Wassermann, seht ihr das denn nicht?“

„Ja, so was, da bist du ein Wassermann!“, riefen die Jungen. „Das hättest du aber sagen müssen! Dann kannst du freilich nicht wissen, was Erdäpfel sind. Komm, wir geben dir welche zu kosten!“

Der eine Junge scharrte mit seinem Stecken auch gleich ein paar Kartoffeln aus der heißen Asche, der andere kratzte die schwarze Kruste herunter, der dritte reichte dem kleinen Wassermann eine Tüte mit Salz.
„Das musst du dir draufstreuen“, sagte er freundlich.

Der kleine Wassermann wusste nicht recht, ob er zubeißen sollte. Er schnupperte erst noch ein Weilchen an seiner Kartoffel herum. Aber weil sie gar so verlockend duftete, dachte er: Wenn das den Menschenjungen nichts schadet, wird es auch mich nicht gleich umbringen. Also, versuchen wir's ... Vorsichtig biss er hinein.
„Na, und wie schmeckt es denn?“, wollten die Jungen nun wissen.
„Nach mehr!“, rief der kleine Wassermann schmatzend.
„Wer hätte gedacht, dass gebratene Steine so gut sind!“

1 Was essen die Kinder am Feuer? Warum denkt der kleine Wassermann, dass es gebratene Steine sind?

2 Übe diesen Text für einen Lesevortrag.

3 Trage den Text vor. Lass dir von deinen Zuhörern eine Rückmeldung geben.

▸ Lernen lernen S. 55, 73
▸ Leben auf dem Land S. 52
▸ Hör-CD: Nr. 2/1

Hausmittel bei kleinen Wehwehchen

Bei Halsschmerzen

Kartoffelwickel: Man kocht vier mittelgroße, ungeschälte Kartoffeln sehr weich und gießt das Wasser ab. Die Pellkartoffeln werden mit einer Gabel zerdrückt und in ein Küchenhandtuch eingeschlagen. Das mit den sehr warmen Kartoffeln gefüllte Handtuch wird um den Hals gewickelt und mit einem Schal befestigt. Der Wickel sollte eine Stunde lang einwirken.

Quarkwickel: Manchmal hilft bei Halsschmerzen auch ein feuchtkalter Wickel. Ein Küchenhandtuch wird dazu mit kaltem Wasser befeuchtet, mit frischem Quark bestrichen und mit der Quarkseite um den Hals gewickelt.

Milch mit Honig: Ein Glas warme Milch mit Honig wirkt wohltuend und beruhigt die angegriffenen Rachenschleimhäute.

Nach Insektenstichen

Kartoffel: Nach einem Mücken- oder Wespenstich legt man eine frisch abgeschnittene Scheibe einer rohen Kartoffel auf die Einstichstelle. So entsteht keine starke Schwellung.

Zwiebel: Mit einer frisch durchgeschnittenen Zwiebelhälfte wird die Einstichstelle einige Minuten lang eingerieben. Das kühlt, desinfiziert und beruhigt.

Zitrone: Das Gleiche erreicht man, wenn man eine Zitronenscheibe auf den Insektenstich legt.

1 Welches Mittel hilft bei Halsschmerzen und bei Insektenstichen?

2 Welches Hausmittel hast du schon einmal angewendet? Erzähle.

3 Informiere dich, bei welchen Beschwerden Zwiebeln auch helfen.

- Informationen entnehmen
- Von eigenen Erfahrungen sprechen

▶ Lernen lernen S. 142

Großer Ärger mit den Zähnen

Nathalie Tordjman

Hast du schon einmal ein Loch im Zahn gehabt? Es ist die Karies, die ein kleines oder größeres Loch in einem Milchzahn oder einem bleibenden Zahn verursacht. Die Karies ist eine der am weitesten verbreiteten Krankheiten der Welt. Neun von zehn Personen haben sie. Woher kommt sie?

Im Königreich der Bakterien

Die Bakterien hausen im Zahnbelag. Sie vermehren sich schneller, wenn sie Zucker finden, von dem sie sich ernähren. Für die Bakterien ist Zucker ein Fest – für unsere Zähne aber kann er fürchterlich sein. Denn die Bakterien im Zahnbelag nehmen Zucker auf und sondern dann die Säure ab, die die Zähne zerfrisst.

Der Feind Nr. 1 der Zähne ...

... ist der Zucker! Je zuckerhaltiger und klebriger ein Nahrungsmittel ist, desto schlimmer ist es für die Zähne. Bonbons, Kuchen und Limonade sollte man darum nicht zu oft essen – am besten putzt man eine halbe Stunde danach die Zähne.

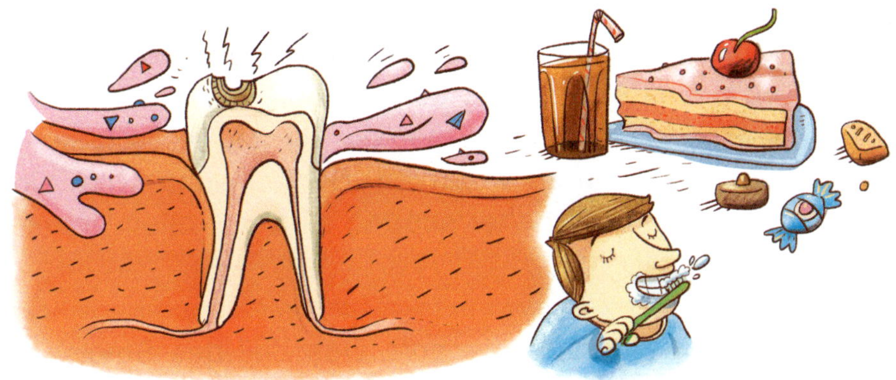

◇ **1** Wie heißt die Zahnkrankheit, bei der man ein Loch im Zahn hat?

◇◇ **2** Wie kannst du Löcher im Zahn vermeiden?

◇◇ **3** Was tust du, damit deine Zähne gesund bleiben?

▸ Lernen lernen S. 39

Gesund und fit durch Sport

① **Einradfahren** konnte man früher hauptsächlich im Zirkus bestaunen. Heute ist es eine beliebte Sportart. Man sitzt auf einem Fahrrad, das nur ein Laufrad besitzt. An diesem Laufrad sind gleichzeitig auch die Pedalen und der Sattel montiert. Das Fahren auf einem Einrad erfordert sehr viel Geschick und Übung, um das Gleichgewicht zu halten.

② **Karate** ist eine japanische Kampfsportart.
Man lernt, wie man sich selbst mithilfe von Schlag-, Stoß-, Tritt- und Blocktechniken in Gefahrensituationen verteidigen kann. Durch regelmäßiges Training stärkt man seine Beweglichkeit und Reaktionsfähigkeit.

③ **Schach** ist ein strategisches Brettspiel. Zwei Spieler setzen abwechselnd Schachfiguren auf einem Schachbrett.
Ziel ist es, den Gegner schachmatt zu setzen.
Das ist erreicht, wenn seine als König bezeichnete Spielfigur kein freies Feld mehr zum Ausweichen hat und nicht durch eine andere Figur gedeckt werden kann.
Schach fördert die Konzentrationsfähigkeit und das logische Denken.

④ **Judo** ist eine japanische Kampfsportart und bedeutet „der sanfte Weg“. Man erlernt das sichere Fallen und bestimmte Griffe und Würfe, um den Partner auf die Matte zu legen und zu besiegen, ohne ihn zu verletzen. Schläge und Tritte sind verboten. Neben Körperbeherrschung wird vor allem faires Verhalten geschult.

⑤ **Handball** ist ein Mannschaftssport. Das Ziel des Spiels besteht darin, den Handball in das gegnerische Tor zu werfen. Im Training erlernt man die Regeln, Wurftechniken, das Abrollen beim Fallwurf und wie man den Ball richtig fängt. Wer regelmäßig trainiert, kräftigt seine Muskulatur und beugt Haltungsschäden vor. Auch Geschicklichkeit und Schnelligkeit werden gefördert.

⑥ **Fußball** ist ein Mannschaftssport und fördert besonders den Teamgeist. Im Training lernt man die Regeln und übt, wie man Pässe spielt, den Ball mit Kopf, Fuß oder Brust annimmt und verschiedene Schusstechniken. Wer Fußball trainiert, verbessert seine Ausdauer und seine Kraft.

⑦ Wird **Schwimmen** als sportliche Disziplin ausgeübt, nennt man das Schwimmsport. Die heute bekanntesten modernen Schwimmstile sind Brustschwimmen, Kraulschwimmen, Rückenkraulen und Schmetterlingsschwimmen. Schwimmen stärkt besonders die Arm- und Rückenmuskulatur und die Lunge.

Ⓐ

Ⓑ

Ⓒ

Ⓓ

Ⓔ

Ⓕ

Ⓖ

1 Ordne den Texten die entsprechenden Bilder zu.

2 Welche Sportarten kommen ursprünglich aus Japan?

3 Wie tragen die genannten Sportarten zur Gesundheit bei?

▸ Texte und Bilder zuordnen
▸ Sachtexte sinnverstehend lesen
▸ Mit Geschichten umgehen S. 74
▸ Auf der Wiese S. 96
▸ Hör-CD: Nr. 2/2

Interessantes rund ums Essen

Sonja Romahn

Die Nase weiß, wie es schmeckt!

Hast du schon einmal bemerkt, dass du fast nichts schmecken kannst, wenn deine Nase verstopft ist oder du sie dir zuhältst?

Unsere Zunge kann nämlich nur die grobe Geschmacksrichtung bestimmen. Sie erkennt, ob das, was wir essen, zum Beispiel süß oder salzig schmeckt. Das gibt sie an unser Gehirn weiter.

Diese Informationen reichen dem Gehirn aber nicht aus. Es benötigt viel genauere Informationen, um uns zu sagen, was wir schmecken. Dazu brauchen wir die Nase. Mit ihr können wir bis zu 10 000 unterschiedliche Gerüche riechen. Erst dadurch, dass wir riechen, was wir essen, können wir es auch schmecken.

Auch das, was wir sehen, hilft uns beim Schmecken. Wissenschaftler fanden heraus, dass die Nase beim Schmecken ungefähr viermal wichtiger ist als unsere Zunge und unsere Augen zusammen.

So schmecken wir, was wir essen

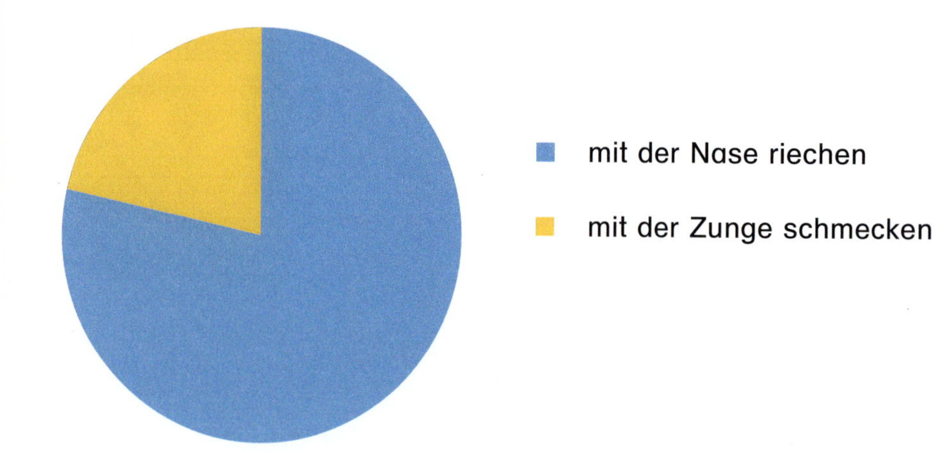

▶ Lernen lernen S. 38

Bakterien pupsen die Löcher in den Käse!

Käse wird aus Milch gemacht. In der Milch sind Bakterien und Enzyme. (Wenn es nicht genügend sind, werden noch weitere Bakterien hinzugegeben.) Diese kleinen Lebewesen sind wichtig, damit die Milch gären kann und sich das Feste vom Wasser trennt. Während der Käse dann in der Rinde reift, stoßen die Bakterien Gase aus – sie pupsen.
Weil dieses Gas nicht aus der Rinde hinauskann, bilden sich Blasen.
Das sind dann die Löcher im Käse.

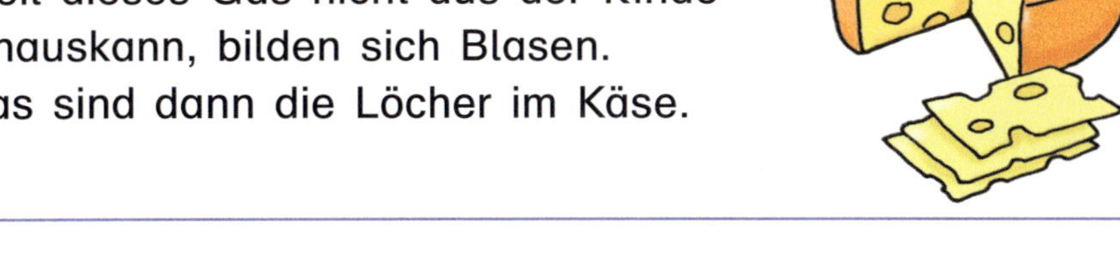

Hunger kommt nicht nur von einem leeren Magen!

Schon das Klappern von Töpfen oder Besteck oder der Geruch nach deinem Lieblingsessen können ein Gefühl von Hunger auslösen. Für deinen Körper sind das Signale, die ihm sagen, dass bald Nahrung aufgenommen wird.
Er reagiert darauf und du hast plötzlich richtig Appetit auf dein Lieblingsessen oder etwas anderes Leckeres.
Dann bekommst du Hunger.

Wenn du hungrig bist und dann etwas isst, schmeckt es dir viel besser, als wenn du es ohne großen Hunger isst.
Das liegt daran, dass du bei Hunger viel mehr Lust auf das Essen hast.
Außerdem kannst du alles viel genauer und intensiver schmecken.

◇◇ **1** Arbeitet zu dritt.
Jedes Kind liest einen Text ganz genau.
Erzählt euch gegenseitig, was ihr erfahren habt.

- Informationen entnehmen und wiedergeben
- ein Diagramm verstehen

Einem Säulendiagramm Informationen entnehmen

In einem Säulendiagramm werden die Informationen nicht als Text, sondern als Säule dargestellt. So kannst du sie erschließen:

1. Schritt: Überschrift lesen
Ich lese die Überschrift.
- Worüber sagt mir das Diagramm etwas?
- Was weiß ich schon zu diesem Thema?

2. Schritt: Achsen anschauen
Ich schaue mir die Beschriftung der Achsen genau an.
- Welche Informationen kann ich ablesen?

3. Schritt: Säulen anschauen
Ich schaue mir die Säulen genau an.
- Was sagt mir die jeweilige Säule?

Dazu mache ich Folgendes:
- Ich fahre Säule für Säule von unten nach oben mit dem Finger nach.
- Am Ende der Säule schaue ich, welchem Wert die Säule auf der anderen Achse entspricht. Dafür nutze ich die vorhandenen Linien oder nehme ein Lineal zu Hilfe.

4. Schritt: Fragen beantworten
Ich beantworte die Fragen zum Diagramm.

Übe das mit dem Säulendiagramm auf der nächsten Seite.

▶ Lernen lernen S. 36

Zuckergehalt von Getränken

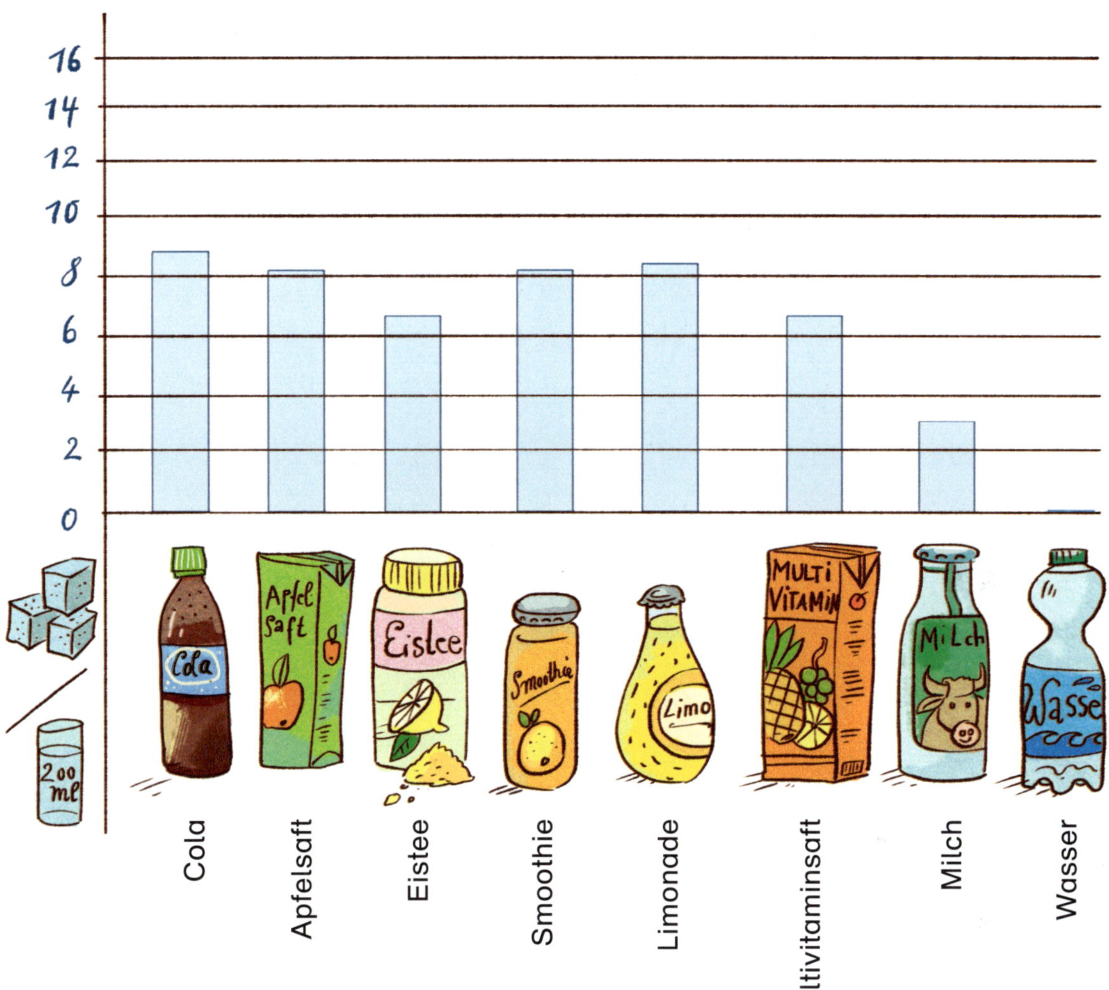

◇ **1** Stelle fest, wie viel Stück Zucker pro Glas die einzelnen Getränke enthalten.

◇◇ **2** Rechne aus, wie viel Zucker ein Glas Apfelschorle (halb Apfelsaft, halb Wasser) enthält.

◇◇◇ **3** Was kann geschehen, wenn man täglich viele zuckerhaltige Getränke zu sich nimmt?

◇◇◇ **4** Warum ist Multivitaminsaft gesünder als Eistee, obwohl beide Getränke gleich viel Zucker enthalten?

▸ einem Diagramm Informationen entnehmen

▸ Gesund leben S. 33

Zwischenüberschriften zuordnen und nutzen

Texte sind oft in Abschnitte unterteilt.
In jedem Abschnitt ist etwas anderes wichtig.
Jedem Abschnitt kann eine eigene Überschrift zugeordnet werden.
Diese Überschriften im Text nennt man auch Zwischenüberschriften. Sie können bestehen aus

- einzelnen Wörtern,
- kurzen Sätzen,
- Fragen.

1. Schritt: Text lesen
Ich lese den Text und überprüfe dabei, ob ich alles verstehe.
Ich lese auch die Zwischenüberschriften.

2. Schritt: Inhalt der Abschnitte erfassen
Ich überlege, was ich in den einzelnen Abschnitten des Textes erfahren habe.

3. Schritt: Zwischenüberschriften aufschreiben
Ich schreibe die vorgegebenen Zwischenüberschriften auf kleine Zettel und klebe sie neben den passenden Abschnitt des Textes.

4. Schritt: Inhalt des Textes wiedergeben
Mithilfe der Zwischenüberschriften erzähle ich, was ich im Text Interessantes und Neues erfahren habe.

Probiere das mit dem Text auf der nächsten Seite aus.

▸ Ich – du – wir S. 14
▸ Leben auf dem Land S. 51

Mit dem Körper sprechen

Lieselotte Heimlich

Etwas ganz ohne Worte sagen – geht das überhaupt? Wie kannst du zum Beispiel ausdrücken, dass dir etwas gut schmeckt, ohne es zu sagen? Probiere es einmal aus! Tu so, als würdest du essen, und streiche anschließend über deinen Bauch. Dabei kannst du auch noch zufrieden gucken. Das nennt man Pantomime.

Kinder, die nicht hören können, können oft auch nicht sprechen. Diese Kinder nutzen die Gebärdensprache oder das Fingeralphabet, um etwas mitzuteilen. So können auch sie ganz ohne Worte sagen, was sie wollen.

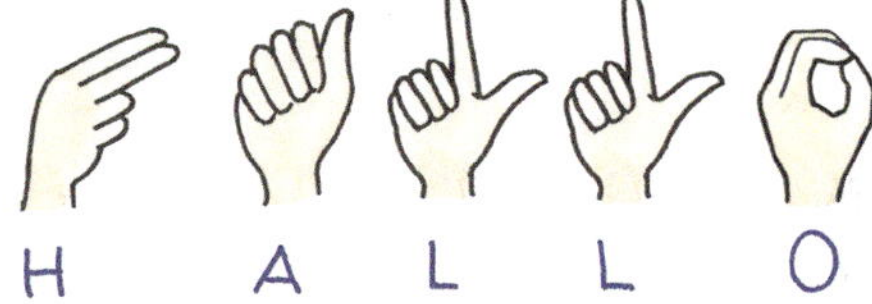

Auch Gefühle können wir nur mit Körpersprache ausdrücken. „Spricht“ man mit dem Körper und bewegt die Arme, die Hände oder den Kopf, so nennt man das Gestik. Mit Mimik sind die Bewegungen der Gesichtsmuskeln gemeint.

Beim Lächeln werden die Muskelpartieren rund um den Mund und auch um die Augen herum gespannt. Lächeln Menschen, so ist das meistens ein Ausdruck von Freude. Wird man von einem anderen ehrlich angelächelt, so muss man meistens zurücklächeln. Es ist ein einfacher Weg, um Fröhlichkeit und Wohlbefinden zu übermitteln.

Was ist Pantomime?	Mit den Fingern sprechen	Gestik und Mimik	Lachen ist gesund und ansteckend

Gefühle S. 165

Ein Gedicht umdichten

Zum Anbeißen

Uwe-Michael Gutzschhahn

Ich liebe dich wie **A**nanas,
wie **B**irnennektar, **C**remesoufflé,
wie **D**ickmilchbrei und **E**rdbeereis,
wie **F**leischsalat und **G**urkenmilch,
wie **H**onigbrot und **I**ngwersaft,
wie **J**oghurttrunk und **K**irschauflauf,
wie **L**eberkäs und **M**ilchreistopf,
wie **N**ougatmark und **O**bstpüree,
wie **P**izza und wie **Q**uittenmus,
wie **R**ührei, **S**ahne, **T**ortenteig,
wie **U**vatee, **V**anilleshake,
wie **W**aldbeerquark und nichts mit **X**,
wie **Y**uccafrucht und **Z**uckerguss.

Und jedes Mahl gibt einen Kuss.

1 Arbeitet zu zweit.
Was ist das Besondere an dem Gedicht?
Sprecht darüber.

2 Sammelt zu den Buchstaben des Alphabets
Wörter für Speisen oder Getränke.
Erstellt eine Liste.

3 Schreibt mit euren Wörtern ein eigenes Gedicht.
Ich liebe dich wie A…

▸ Auf der Wiese S. 84

▸ Hör-CD: Nr. 2/3

Am Frühstückstisch

Beate Günther

Der Kaffee dampft,
Charlotte mampft,
das Brötchen schmeckt,
die Katze leckt,
die Kerze brennt,
der Dackel pennt,
die Mutter liest,
der Vater niest,
die Oma trinkt,
der Vogel singt,
das Baby wackelt auf dem Stuhle,
Christoffel freut sich auf die Schule.

◇◇ **1** Aus diesem Gedicht kannst du ein anderes schreiben, in dem alles verkehrt zugeht, ein Gedicht über die verkehrte Welt. Nimm dieselben Wörter, aber schiebe sie an eine andere Stelle:
Der Dackel dampft,
der Vogel mampft,
...

- Textstrukturmerkmale erkennen
- eigene Texte nach Mustern schreiben

▸ Hör-CD: Nr. 2/4

Übungskiste

Den richtigen Schluss finden

1 Lies die Witze und ordne jedem den richtigen Schluss zu.

Die Schwester ermahnt ihren Bruder:
„Du musst die Medizin einnehmen,
auch wenn sie bitter schmeckt.
Denk einfach, es wäre Brause."
Der Bruder denkt nach und
antwortet erfreut:

„Glauben Sie, dass
das Essen von Möhren
gegen Sehstörungen
hilft, Herr Doktor?"

Tina kommt zu spät zur Schule.
„Wo warst du?", wird sie gefragt.
„Ich hatte plötzlich solche Zahnschmerzen
bekommen und musste zum Zahnarzt."
„Und jetzt tut der Zahn nicht mehr weh?"

„Ach wissen Sie",
sagt der freundlich,
„ich habe jedenfalls
noch keinen Hasen
mit Brille gesehen."

„Da trink ich doch lieber
gleich Brause und denke,
es wäre Medizin."

„Das weiß ich doch nicht.
Der Arzt hat den Zahn
ja behalten."

2 Wähle einen Witz aus und erzähle ihn.

▸ Textteile richtig zuordnen ▸ Auf der Wiese S. 81

Ideenkiste

Ein gesundes Klassenfrühstück zubereiten

Plant ein gemeinsames Klassenfrühstück.
Stellt zuerst eine Einkaufsliste zusammen.

2 kg Obst
2 Gurke
3 Paprika
1 Schnittlauch
1 Vollkornbrot
15 Vollkornbrötchen
10 Scheiben Käse
300 g Quark
Milch
3 Apfelsaft, 3 Wasser

Außerdem braucht ihr
Schaschlik-Spieße, Frischhaltefolie,
Küchenpapier und Gewürze.
Jeder Schüler benötigt einen Becher
und eine Serviette.

Das bereitet ihr vor:

Quark- und Käsebrote
Belegt für jedes Kind zwei halbe Vollkornbrötchen
oder eine Scheibe Vollkornbrot mit Käse
oder bestreicht sie mit Kräuterquark.
Garniert die Brote mit Radieschenscheiben, schmalen
Paprikastreifen, Gurkenscheiben und halben Cocktailtomaten.

Gemüse- und Obstspieße
Steckt für jedes Kind klein geschnittene Obst- und
Gemüsestücke auf einen halben Schaschlik-Spieß
oder richtet das Obst und Gemüse dekorativ auf Platten an.

Getränke
Plant für jedes Kind einen Viertelliter Apfelschorle oder
einen Viertelliter Milch. Wer möchte, kann die Milch
mit wenig Schokoladenpulver mischen.

Tipp
Ihr könnt auch eigene Ideen umsetzen.

Leben auf dem Land

◇ **1** Beschreibe die Tätigkeiten, die du siehst.

- ein Bild genau betrachten
- erzählen

Das Leben auf dem Land – früher und heute

Alois Brei

Es gab Zeiten, da lebten und arbeiteten die meisten Menschen auf dem Land. Sie säten Getreide und pflanzten Gemüse. Sie hielten Tiere, um ihr Fleisch und ihre Eier zu essen, ihre Milch zu trinken, ihre Wolle, ihr Fell und ihre Federn zu nutzen. Man nennt sie Bauern.

Heute gibt es sehr viel weniger Menschen als früher, die auf einem Bauernhof leben und arbeiten. Auch sonst hat sich für die Bauern sehr viel verändert.

Früher waren die Pferde sehr wichtig. Sie waren stark und zogen den Wagen und den Pflug. Man konnte sie vor eine Kutsche spannen und auf ihnen reiten. Doch bald wurden die Zugtiere durch Traktoren ersetzt. Sie waren stärker als Pferde und Rinder und man brauchte sie nicht täglich zu füttern und zu versorgen.

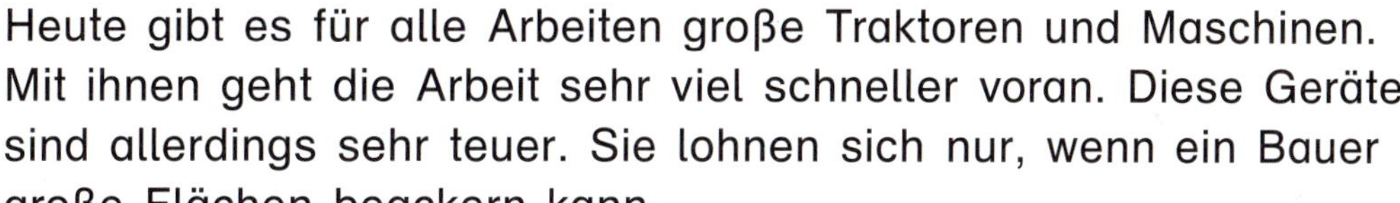

Heute gibt es für alle Arbeiten große Traktoren und Maschinen. Mit ihnen geht die Arbeit sehr viel schneller voran. Diese Geräte sind allerdings sehr teuer. Sie lohnen sich nur, wenn ein Bauer große Flächen beackern kann.

Früher lebten auf einem Bauernhof viele Tiere – Pferde, Rinder, Schweine, Schafe, Hühner, Gänse und Enten. Es gab zwar viele Arten, aber nur wenige Tiere von jeder Art. Die Tiere bekamen das Futter, das auf dem Bauernhof selbst erzeugt wurde.

Heute haben sich die meisten Bauern spezialisiert. Manche erzeugen vorwiegend Getreide oder Kartoffeln. Andere halten vor allem Kühe, Schweine oder Geflügel. Es werden viele Tiere einer einzigen Art gezüchtet oder gemästet. Die Bauern kaufen fast alles Futter von Händlern, da auf dem eigenen Hof gar nicht genügend Gras oder Getreide wächst, das für die vielen Tiere benötigt wird. Viele dieser Tiere leben in großen Ställen, die sie nie in ihrem Leben verlassen. Man nennt dies Massentierhaltung.

1 Besprich mit einem Partner die Vorteile von früher.

▸ Informationen entnehmen und wiedergeben ▸ Lernen lernen S. 90

Hahn und Huhn

Gisela Perlet

Auf einem Bauernhof wohnten ein Hahn und ein Huhn. Einmal, als der Hahn auf dem Mist krähte und das Huhn im Hof scharrte, sagte die Bauersfrau zum Bauern: „Morgen bekommen wir Gäste, da wollen wir unseren Hahn schlachten, das gibt einen schönen Braten."

Das Huhn hatte alles mit angehört. Es bekam einen großen Schreck und lief aufgeregt zum Hahn und erzählte ihm, er solle geschlachtet werden.

„Da müssen wir so schnell wie möglich verschwinden", meinte der Hahn. „Aber wie und wohin?", fragte das Huhn.

„Wir nehmen die große Schaufel, die Katze fängt uns ein paar Mäuse, die spannen wir vor, und dann fahren wir los. Vielleicht finden wir irgendwo ein Haus."

Gesagt, getan. Sie holten die Schaufel, die Katze fing Mäuse, die wurden vorgespannt, und die Katze setzte sich auch mit in den Wagen.

Als sie ein Stück gefahren waren, stand ein Hund am Weg und heulte jämmerlich und fragte: „Darf ich nicht mitfahren?"

Der Hahn überlegte ein bisschen, ob sich der Hund mit der Katze vertragen würde, aber dann sagte er: „Unser Wagen ist klein, unsre Pferde sind fein, steig du nur ein!"

Und der Hund setzte sich zum Hahn und zum Huhn und zur Katze in den Wagen und bellte so fröhlich, dass auch die Katze lachen musste.

Nach einer Weile begegneten sie einer Ente, die traurig den Schnabel hängen ließ und bettelte: „Lasst mich doch mit in euerm Wagen fahren!"

„Unser Wagen ist klein, unsre Pferde sind fein, steig du nur ein!", sagte der Hahn und die Ente setzte sich vergnügt zu den andern.

Wieder fuhren sie ein Stück und da begegneten sie einer Gans, die schnatterte kläglich und fragte, ob sie nicht mitfahren dürfe. „Ja“, sagte der Hahn. „Unser Wagen ist klein, unsre Pferde sind fein, steig du nur ein!“

Die Gans setzte sich neben die Ente und jetzt waren sie sechs in ihrem Wagen: der Hahn, das Huhn, die Katze, der Hund, die Ente, die Gans, und die Mäuse davor mussten sich tüchtig anstrengen.

Doch es kam noch einer, das war ein Stier, und als er den Wagen sah, brüllte er mit tiefer Stimme: „Ich möchte auch mit euch zusammen fahren!“

„Unser Wagen ist klein, unsre Pferde sind fein, steig du nur ein!“, sagte der Hahn und so fuhr der Stier auch noch mit und niemand fürchtete sich vor ihm.

Aber jetzt war die große Schaufel wirklich voll und mehr konnten die Mäuse beim besten Willen nicht ziehen.

Sie fuhren und fuhren den ganzen Tag und waren lustig und guter Dinge und endlich kamen sie in einen großen Wald. Und in diesem Wald stand auch ein Haus, das so aussah, als könnten alle Platz darin finden.

„Hier wollen wir wohnen“, schlug der Hahn vor und alle waren einverstanden, nur die Mäuse wollten sich lieber Mauselöcher graben.

Als es Abend wurde, suchte sich jeder einen Platz zum Schlafen, denn nach der langen Fahrt waren sie alle sehr müde.

Der Hund legte sich vor die Haustür. Die Ente fand im Flur eine Wasserschüssel. Der Stier blieb in der Diele. Die Gans setzte sich in der Stube auf den Tisch. Die Katze suchte sich in der Küche einen warmen Platz am Herd. Und der Hahn und das Huhn flogen hinauf zum Hahnenbalken.

Bald schliefen alle tief und fest und träumten von schönen Dingen.

◇ **1** Welche Tiere kommen in diesem Märchen vor?

◇◇ **2** Wovon könnten die Tiere träumen?

◇◇ **3** An welches Märchen erinnert dich der Text? Begründe.

▸ Texte verstehen S. 56

Billige Esel

Nasreddin Hodscha

An jedem Markttag brachte der Hodscha einen Esel zum Markt und verkaufte ihn sehr billig. Der Preis, den er für seinen Esel verlangte, lag immer weit unter den Preisen seiner Konkurrenten.

Eines Tages sagte ein reicher Eselhändler zu ihm: „Ich weiß nicht, wie du es dir erlauben kannst, deine Esel so billig zu verkaufen. Ich lasse meine Diener das Heu von den Bauern stehlen und befehle ihnen auch, die Esel zu halten, ohne dass ich sie dafür bezahle. Und dennoch sind deine Preise niedriger als meine.“ „Nun ja, das ist sehr verständlich“, antwortete der Hodscha. „Du stiehlst Futter und Arbeitskraft – ich stehle Esel!“

Nasreddin Hodscha ist ein kluger Spaßmacher wie Till Eulenspiegel. Man kennt ihn in der Türkei und in anderen islamischen Ländern.

Die größte Getreidepflanze

A Die größte Getreidepflanze ist Mais.
Sie wird schon seit mehreren Tausend Jahren von den Menschen angebaut.
Die Maispflanze stammt ursprünglich aus Mexiko.

B Ende April oder Anfang Mai säen die Landwirte den Mais auf den Feldern aus.
Auf dem Feld wachsen auf 1 Quadratmeter Ackerboden sechs bis zehn Maispflanzen.
Jede Pflanze wird hier bei uns 2 bis 2,5 Meter groß.

C An der Spitze der Maispflanze wächst die Rispe mit den männlichen Blüten. Weiter unten wachsen am Stängel ein bis drei Maiskolben.
Jeder Maiskolben ist von dichten Blättern umgeben. Diese Blätter nennt man Lieschen.
An der Spitze der Maiskolben wachsen aus den Blättern lange Haare heraus.
Die nennt man Griffel.
An jedem Kolben befinden sich die weiblichen Blüten. Aus jeder befruchteten Blüte kann ein Maiskorn werden.

D Es gibt viele verschiedene Maissorten. Hauptsächlich wird die Maispflanze als Futter für Tiere verwendet.
Mais schmeckt aber auch den Menschen gut.
Popcorn macht man zum Beispiel aus Puffmais und Zuckermais essen wir als Gemüse.
Wenn man Maismehl mit anderem Mehl mischt, kann man daraus Brot oder Brötchen backen.
Die knusprigen Cornflakes sind geröstete Maisflocken.

◇◇ **1** Finde Überschriften zu den Abschnitten.

◇ **2** Vergleiche sie mit einem Partner.

- Informationen entnehmen
- Überschriften zu Textteilen finden

▸ Texte verstehen S. 40
▸ Bücher und andere Medien S. 64

Die Kartoffel

Beinahe jeden Tag essen wir Kartoffeln. Das war aber nicht immer so. Vor 500 Jahren gab es bei uns überhaupt noch keine Kartoffeln. Sie stammen nämlich aus Südamerika. Dort bauten die Ureinwohner diese Pflanze seit uralten Zeiten an. Seefahrer haben sie dann mit nach Europa gebracht.

Die Europäer hielten die Kartoffel für einen Pilz, der in der Erde wächst. Der sah aus wie eine Trüffel, eine Tartuffoli. Von daher stammt auch der Name „Kartoffel“. In anderen Ländern verglich man sie mit Äpfeln oder Birnen, die im Boden wachsen. Deswegen nannte man sie „Erdäpfel“ oder „Erdbirnen“.
Daher kommt auch der Name „Pommes“, der von „pommes de terre“ stammt, was „Apfel aus der Erde“ heißt.

Als die Kartoffel nach Europa kam, benutzte man sie zuerst als Zierpflanze im Garten. Die Menschen bewunderten sie wegen ihrer schönen weißen oder lila Blüten. Die schmutzigen Knollen in der Erde mochte niemand essen. Man konnte sich einfach nicht vorstellen, dass sie zu irgendetwas gut sein sollten.

Als Nahrungsmittel wurden die Kartoffeln erst später verwendet. König Friedrich der Zweite wollte, dass die Kartoffel in seinem Land angebaut wurde, damit jeder satt zu essen hatte. Aber erst mit einer List erreichte er, dass sich die Bauern für die Kartoffel interessierten. Es wird erzählt, dass er die Kartoffeln auf seinen königlichen Feldern anbauen und streng bewachen ließ. Die neugierigen Bauern schlichen sich

nachts auf die Felder und wollten wissen, was da so gut bewacht wurde. Sie stahlen die Knollen und bauten sie selbst an. Genau das wollte der König erreichen!

Kartoffeln werden im Frühjahr in die Erde gelegt. Dort wachsen aus ihren „Augen“, das sind die weißlichen Punkte auf ihnen, Triebe heraus. Die kommen dann im Sommer als grüne Pflanze aus der Erde und bilden das Kartoffelkraut. Die Blätter sorgen dafür, dass sich unter der Erde Knollen bilden. Wenn sie groß genug sind, werden sie im Herbst geerntet.

Heute ist die Kartoffel eines der wichtigsten Nahrungsmittel bei uns. Man kann aus ihr viele leckere Sachen herstellen: Salzkartoffeln, Pellkartoffeln, Bratkartoffeln, Kartoffelsalat, Kartoffelbrot, Kartoffelkuchen, Pommes frites und Kartoffelchips. Kartoffeln sind nahrhaft und aus unserer Küche nicht mehr wegzudenken.

◇ **1** Woher stammt die Kartoffel? Finde die Antwort und nenne die Zeilennummer.

◇◇ **2** Welche List erfand König Friedrich der Zweite?

◇◇ **3** Recherchiere, wie die Kartoffel in anderen Sprachen heißt.

◇◇ **4** Welche Kartoffelspezialitäten gibt es in deiner Gegend?

Sich Informationen beschaffen

Manchmal habe ich zu einem Thema eine Frage oder ich will noch mehr wissen. Dazu kann ich an verschiedenen Stellen nach Informationen suchen. Das nennt man auch **recherchieren**.

In einem Kinderlexikon nachschlagen

Jemanden fragen

In Sachbüchern oder in Kinderzeitschriften nachlesen

Im Internet mithilfe einer Kindersuchmaschine nach Informationen suchen

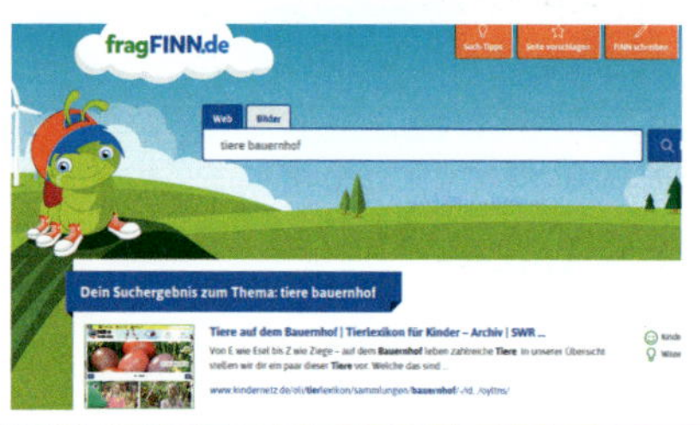

Einen Film zum Thema anschauen

◇ **1** Recherchiere zu Tieren oder Pflanzen, die dich interessieren.

◇◇ **2** Notiere deine Ergebnisse in Stichpunkten oder erstelle ein Plakat. Präsentiert eure Ergebnisse in Kleingruppen.

- Möglichkeiten der Recherche kennenlernen
- individuell recherchieren

▶ Lernen lernen S. 125
▶ Auf der Wiese S. 82

Eine Rückmeldung geben

Wenn wir anderen zuhören oder zusehen, können wir danach eine Rückmeldung geben. Dadurch zeigen wir, dass wir genau zugehört oder zugesehen haben. Unsere Rückmeldung hilft dabei, den nächsten Vortrag oder das nächste Vorspiel zu verbessern.

Schritt 1: Beobachtungsaufgaben besprechen
Vor dem Vortrag besprechen wir die Beobachtungsaufgaben.

Schritt 2: Beobachtungsaufgaben verteilen
Wir verteilen die vier Aufgaben.
Jeder achtet besonders auf seine Aufgabe.

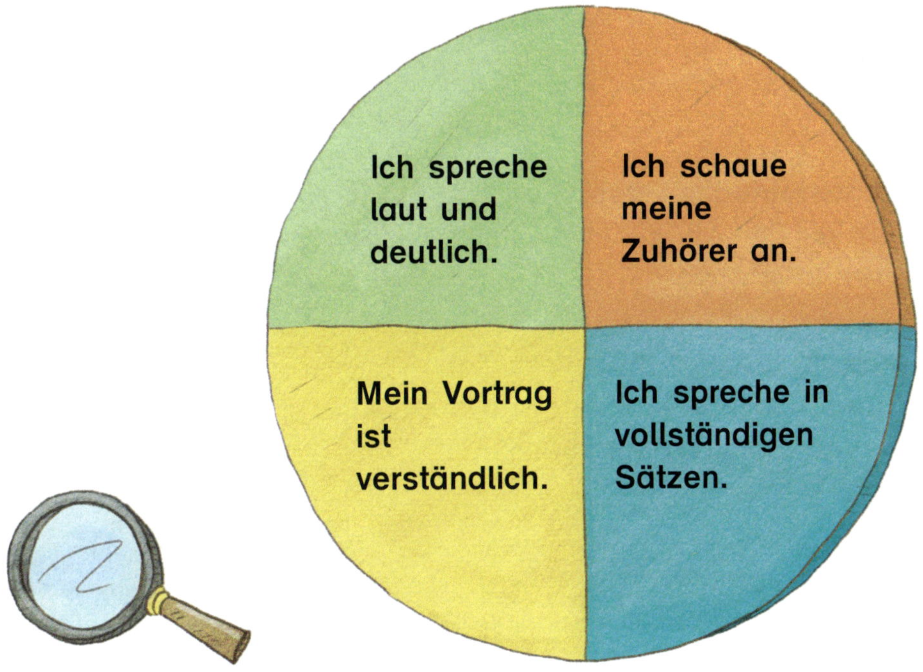

Schritt 3: Vortrag anhören
Während des Vortrages hören und schauen wir aufmerksam zu.

Schritt 4: Rückmeldung geben
Wir geben Rückmeldung zu unserer Beobachtungsaufgabe.

▸ andere in ihren Lernprozessen unterstützen

▸ Mit Gedichten umgehen S. 161
▸ Gesund leben S. 30

Mit W-Fragen das Textverständnis überprüfen

Während und nach dem Lesen eines Textes
denke ich über den Inhalt nach. Die W-Fragen helfen mir dabei,
den Text besser zu verstehen.

1. Schritt: Vermutungen anstellen
Ich schaue mir die Überschrift und die Bilder zum Text an.
Dabei vermute ich, was in der Geschichte erzählt wird.

2. Schritt: Text lesen
Ich lese den Text aufmerksam und überprüfe,
ob meine Vermutungen stimmen.
Unbekannte Wörter kläre ich.

3. Schritt: W-Fragen beantworten
Ich lese den Text noch einmal Absatz für Absatz.
Ich versuche, die fünf W-Fragen für mich zu beantworten.

Probiere das auf
der nächsten Seite aus.

Es werden nicht immer alle W-Fragen in einem Text beantwortet.

- eine Methode zur Sicherung des Textverständnisses kennenlernen

- Lernen lernen S. 90
- Leben auf dem Land S. 48

Leni und Timo auf dem Bauernhof

Ursula Holy, Gertrude Mayerhofer

Es ist ein sonniger Frühlingstag. Timo freut sich auf den Ausflug. Die ganze Grundschule besucht heute einen Biobauernhof. Ein netter Bauer erwartet die Kinder schon. Zuerst führt er sie auf seinem Hof herum. „Hier seht ihr meine Freilandhühner“, erklärt er. Leni möchte wissen, was das Wort bedeutet. „Freilandhühner sind nicht in Käfigen eingesperrt. Sie dürfen im Freien herumlaufen, Körner suchen und in der Erde nach Würmern scharren“, erzählt der Landwirt weiter. Timo und seine Freunde beobachten die Hühner genau. Später dürfen sie sogar die Eier, die in den Nestern liegen, einsammeln.

Dann geht es weiter auf die Weide. Dort gibt es viele Kühe. Leni entdeckt auch ein kleines Kalb. „Den Tieren geht es hier gut“, denkt Leni. „Sie haben einen großen Auslauf und können das Gras direkt auf der Weide fressen. Erst am Abend zum Melken müssen sie in den Stall.“ Jetzt zeigt der Bauer den Kindern die Melkmaschine. Timo staunt! Er hat sich vorher noch nie überlegt, woher die Milch kommt. Man kauft sie ja einfach im Geschäft. Aber bis sie dort ist, hat sie einen langen Weg zurückgelegt.

Danach führt der Landwirt die Klasse durch den Gemüsegarten. Er zeigt den Kindern, was hier alles angebaut wird und wächst. Zum Schluss dürfen die Kinder noch frische Kräuter ernten und selbst einen Brotaufstrich zubereiten. Am Abend sind Leni und Timo müde. Aber sie denken noch immer an den wunderschönen Bauernhof. Timo meint: „Auf so einem Hof wäre ich auch gerne Bauer. Da geht es den Menschen und den Tieren gut!“

- W-Fragen an einen Text stellen
- das Textverständnis sichern

Ein Gedicht als Rap vortragen

Herr von Ribbeck auf Ribbeck im Havelland

Theodor Fontane

Herr von Ribbeck auf Ribbeck im Havelland,
ein Birnbaum in seinem Garten stand,
und kam die goldene Herbsteszeit
und die Birnen leuchteten weit und breit,
da stopfte, wenn's Mittag vom Turme scholl,
der von Ribbeck sich beide Taschen voll,
und kam in Pantinen ein Junge daher,
so rief er: „Junge, wiste 'ne Beer?"
Und kam ein Mädel, so rief er: „Lütt Dirn,
kumm man röwer, ick hebb 'ne Birn."

So ging es viel Jahre, bis lobesam
der von Ribbeck auf Ribbeck zu sterben kam.
Er fühlte sein Ende, 's war Herbsteszeit,
wieder lachten die Birnen weit und breit.
Da sagte von Ribbeck: „Ich scheide nun ab.
Legt mir eine Birne mit ins Grab."
Und drei Tage drauf, aus dem Doppeldachhaus,
trugen von Ribbeck sie hinaus,
alle Bauern und Büdner mit Feiergesicht
sangen „Jesus meine Zuversicht",
und die Kinder klagten, das Herze schwer:
„He is dod nu. Wer giwt uns nu 'ne Beer?"

So klagten die Kinder. Das war nicht recht –
ach, sie kannten den alten Ribbeck schlecht.
Der neue freilich, der knausert und spart,
hält Park und Birnbaum strenge verwahrt.
Aber der alte, vorahnend schon
und voll Misstrauen gegen den eigenen Sohn,
der wusste genau, was damals er tat,
als um eine Birn' ins Grab er bat,
und im dritten Jahr aus dem stillen Haus
ein Birnbaumsprössling sprosst heraus.

Und die Jahre gingen wohl auf und ab,
längst wölbt sich ein Birnbaum über dem Grab,
und in der goldenen Herbsteszeit
leuchtet's wieder weit und breit.
Und kommt ein Jung übern Kirchhof her,
so flüstert's im Baume: „Wiste 'ne Beer?“
Und kommt ein Mädel, so flüstert's: „Lütt Dirn,
kumm man röwer, ick gew' di 'ne Birn.“

So spendet Segen noch immer die Hand
des von Ribbeck auf Ribbeck im Havelland.

◇◇ **1** Gestaltet dieses Gedicht als Rap.

▸ ein Gedicht vortragen

▸ Mit Geschichten umgehen S. 24

▸ Leben auf dem Land S. 60

▸ Hör-CD: Nr. 1/8

Übungskiste

Kartoffel-Rap

Ursula Schwarz

Hallo und guten Tag, ihr lieben Leute,
ein Lied von der Kartoffel singen wir heute:

Kartoffeln sind ein wichtiges Gemüse.
Die hat der Schiffskoch auch in der Kombüse.
Kartoffeln, ganz egal ob länglich oder rund –
sie machen alle satt und sind total gesund.

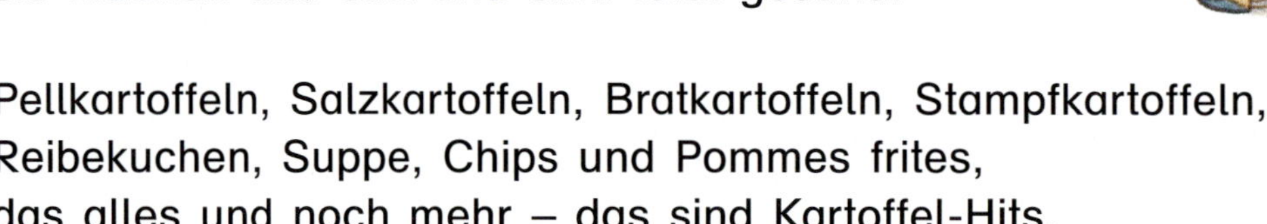

Pellkartoffeln, Salzkartoffeln, Bratkartoffeln, Stampfkartoffeln,
Reibekuchen, Suppe, Chips und Pommes frites,
das alles und noch mehr – das sind Kartoffel-Hits.

Kartoffeln sind unser Leibgericht.
Auch Nudeln und Reis verachten wir nicht.
Doch Kartoffeln gebraten, frittiert oder gestampft,
die werden immer gerne von uns weggemampft.

Pellkartoffeln, Salzkartoffeln, Bratkartoffeln, Stampfkartoffeln,
Reibekuchen, Suppe, Chips und Pommes frites,
das alles und noch mehr – das sind Kartoffel-Hits.

1 Sprecht dieses Gedicht zusammen als Rap.

2 Lasst dazu Stabpuppen tanzen,
die ihr aus Kartoffeln basteln könnt.

▸ ein Gedicht als Rap vortragen

▸ Mit Geschichten umgehen S. 24
▸ Mit Gedichten umgehen S. 58
▸ Hör-CD: Nr. 1/9

Ideenkiste

Eine Kartoffel-Stabpuppe basteln

Aus Kartoffeln kannst du lustige Stabpuppen basteln.

Das benötigst du:

- Klebeband, Schere, Zahnstocher
- für den Kopf:
  eine große Kartoffel
- für den Körper:
  einen Holzstab
- für die Kleidung:
  z. B. das Kartoffelnetz, eine Tüte, Stoffreste oder Papiertücher, ...
- für die Arme:
  Bänder, Kordeln
- für das Gesicht:
  z. B. Pinnnadeln, Reißzwecken, Gewürznelken, Briefklammern, Büroklammern, wasserfeste Filzstifte
- für die Haare:
  Wollreste

So gehst du vor:
Beginne mit dem Gesicht.
Drücke die Dinge für die Augen, vielleicht auch für die Nase, in die Kartoffel und male einen Mund auf.
Schneide Wollfäden für die Haare und drücke jeden Faden in der Mitte mit dem Zahnstocher in den Kartoffelkopf.
Drücke nun den Kartoffelkopf fest auf den Holzstab. Die Kleidung befestigst du mit Klebeband. Damit sie nicht vom Stab abrutschen kann, umwickelst du den Hals der Puppe auch unter der Kleidung ein paar Mal mit Klebeband.

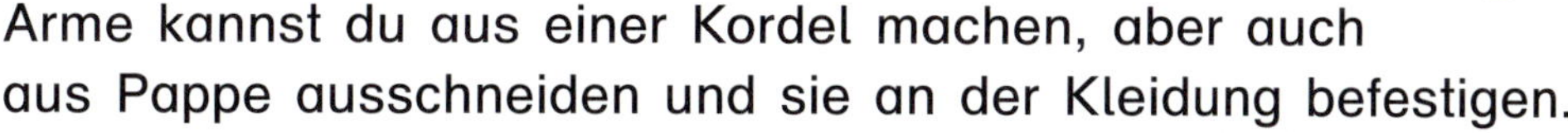

Arme kannst du aus einer Kordel machen, aber auch aus Pappe ausschneiden und sie an der Kleidung befestigen.

Übrigens: Deine Kartoffelpuppe lebt.
Du kannst beobachten, wie sie älter und älter wird.

Bücher und andere Medien

Dieses Lesebuch entsteht

1. Die Autorinnen planen, welche Kapitel das Lesebuch enthalten soll und wer für welches Kapitel zuständig ist.

2. Jede Autorin sucht oder schreibt die Texte für die Kapitel.

3. Die Autorinnen stellen ihre Ideen der Gruppe vor und bekommen Rückmeldungen.

4. Jede Autorin überarbeitet die Texte.

5. Im Verlag setzen Medientechniker die Seiten des Buches. Die Illustratorin zeichnet passende Bilder zu den gesetzten Seiten.

6. In der Druckerei werden die Buchseiten gedruckt und in der Buchbinderei zu einem Buch zusammengefügt.

1 Beschreibe, wie ein Lesebuch entsteht. Die Bilder helfen dir dabei.

Unser Buch entsteht

1. Setzt euch zusammen und überlegt, wovon euer Buch handeln soll. Verteilt die Kapitel.

2. Jeder schreibt seinen Text oder sucht einen geeigneten aus.

3. Stellt eure Texte der Gruppe vor und gebt Rückmeldungen.

4. Überarbeitet eure Texte.

5. Bringt die Kapitel in die richtige Reihenfolge und gestaltet die Seiten.

6. Bindet euer Buch, indem ihr es zusammentackert oder -näht.

Tipp

Wenn jeder das Buch bekommen soll, müsst ihr es vor dem Binden kopieren.

1 Erstellt gemeinsam ein Buch. Beachtet dabei die Schrittfolge.

- Informationen entnehmen und wiedergeben
- selbst ein Buch herstellen

▸ Wichtige Fachwörter S. 190–195

Erhard Dietl – Autor, Illustrator und Musiker

Erhard Dietl schreibt, malt und musiziert seit vielen Jahren für Kinder. Diese Antworten hat er in einem Interview gegeben:

A Ich steh um acht Uhr auf, frühstücke mit meiner Familie oder gehe in ein Café und anschließend mit unserem Hund hinüber ins Atelier. Es liegt nur ein paar Straßen weiter von der Wohnung. Dort arbeite ich tagsüber, ich schreibe und zeichne an meinen Büchern und so um sechs Uhr mach ich mich wieder auf den Heimweg. Manchmal habe ich auch Auftritte und Lesungen, dann düse ich mit dem Auto durch die Gegend.

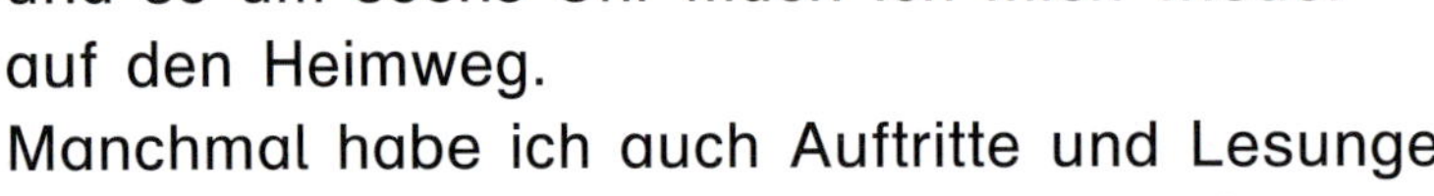

B Ich brauche die Abwechslung. Ich freu mich, dass ich schreiben und zeichnen kann, und wenn ich lange an Texten gearbeitet habe, ist es immer wieder schön, ein Bild zu zeichnen oder umgekehrt.

C Als ich ein Kind war, hatten wir ein bisschen mehr Freiheit, das heißt, wir waren nicht so verplant und hatten nicht so viele Termine wie manche Kinder heutzutage. Meistens waren wir den ganzen Nachmittag draußen, haben Fußball und Indianer gespielt und am Baggersee Flöße gebaut. Unsere Eltern hatten nicht viel Zeit für uns, und wir Kinder haben uns selber beschäftigt.

D In die Schule bin ich nicht gern gegangen. Unsere Lehrer fand ich fürchterlich streng, es gab schon mal Kopfnüsse und Ohrfeigen. Ich hatte ständig Angst, schlechte Noten nach Hause zu bringen, denn auch mein Vater war ein strenger Mann, und bei schlechten Noten gab es nichts zu lachen.

E Wenn man Glück hat, kommen die Ideen ganz von allein. Dann muss ich sie mir merken und schreibe sie auf.
Aber trotzdem – oft ist es schwierig. Wenn ich die richtige Idee für einen Auftrag oder eine Geschichte brauche, muss ich manchmal lange grübeln und nachdenken. Es ist harte Arbeit und nicht immer leicht, eine brauchbare Idee zu finden und sie auch noch gut umzusetzen.

F Wenn ich fröhlich bin, dann musiziere und singe ich gern. Und wenn ich traurig bin, dann hilft mir das erst recht.

G An *Gustav Gorky* hab ich ungefähr drei Monate gearbeitet. Ich musste erst mal viel über das Weltall und über Sterne und Planeten nachlesen. Gustav Gorky kommt ja von einem fernen Planeten zu uns auf die Erde.
Es war ein besonderes Vergnügen, die Eigenschaften und Gewohnheiten von uns Menschen mal aus der Sicht eines Außerirdischen zu beschreiben.

◇ **1** Ordne die Fragen den Antworten von Erhard Dietl zu.

1 Wie lange haben Sie an dem Buch *Gustav Gorky* geschrieben?

2 Woher kommen Ihre Ideen?

3 Sind Sie gerne in die Schule gegangen?

4 Was machen Sie, wenn Sie fröhlich sind?

5 Wie war Ihre Kindheit?

6 Wie verläuft Ihr Tag?

7 Was machen Sie lieber, zeichnen oder schreiben?

◇ **2** Erzähle, was du Interessantes über Erhard Dietl erfahren hast.

◇ **3** Besuche Erhard Dietls Homepage unter *www.erhard-dietl.de*. Dort kannst du ihm deine Fragen stellen.

- Informationen entnehmen und wiedergeben
- Fragen formulieren

▶ Lernen lernen S. 124
▶ Leben auf dem Land S. 51

Geschichten – so oder so

Helga Schön

Die meisten Geschichten von Erhard Dietl kannst du in Büchern aus Papier lesen. Du kannst seinen Geschichten aber auch noch anders begegnen.

Robert liest gerade *Die Olchis fliegen in die Schule* als E-Book auf dem Tablet seiner Mutter. Das Wort **E-Book** steht für elektronisches Buch. Wenn du ein E-Book kaufst, dann kaufst du kein Buch aus Papier, sondern nur das Recht, eine Geschichte auf einem Gerät zu lesen.

Neylas Papa hat die **CD-ROM** *Die Olchis: Schleime-Schlamm und Käsefuß* auf dem Notebook installiert. Damit können Neyla und ihr Bruder Olchi-Geschichten ansehen und hören. Sie können auch knifflige Spiele rund um die Olchis auf dem Computer spielen.

Luise hat zum Geburtstag die **Hör-CD** *Die Olchis und die Gully-Detektive* von ihren Freunden geschenkt bekommen. Jetzt macht sie es sich auf dem Sofa gemütlich, setzt den Kopfhörer auf und hört den Olchi-Geschichten zu.

Remos Mama hat die **App** *Ein Drachenfest für Feuerstuhl* auf ihrem Smartphone. Remo kann auf der Autofahrt zur Oma die Geschichten rund um das Drachenfest der Olchis hören, sich Bilder dazu ansehen und Spiele spielen. Er kann zum Beispiel Rätsel lösen oder ein Feuerwerk für das Fest zünden.

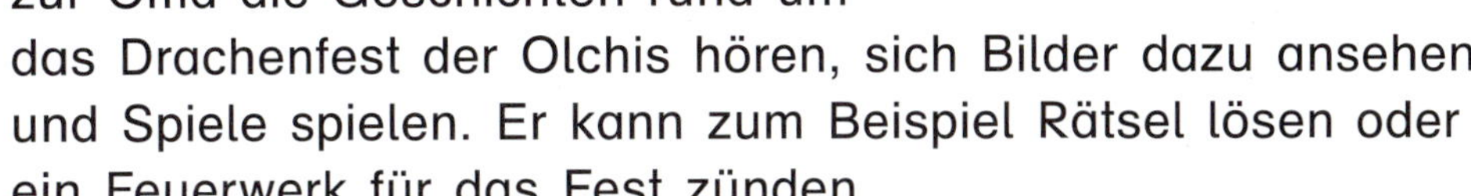

Luise hört ihre Lieblingshits aus Schmuddelfing: *Heute will ich ein Olchi sein.*

Rosi hat im **Computer** die Seite *www.olchi.de* geöffnet. Sie will sich einen Olchi-Detektivausweis machen. Die Vorlage für den Ausweis kann sie herunterladen und ausdrucken.

Und Ferdinand liest das **Buch** *Die Olchis auf Geburtstagsreise.* Er hat es sich in der Bücherei ausgeliehen.

1 Welche der hier vorgestellten Möglichkeiten gefällt dir am besten? Begründe.

- Informationen entnehmen
- die eigene Meinung äußern und begründen

Y3 vom Planeten Gorky

Erhard Dietl

Ich weiß, ich spreche gerne etwas zu schnell.
Dafür muss ich mich entschuldigen, ich will
dich nicht verwirren. Das schnelle Reden ist
keine schlechte Angewohnheit, sondern ein alter
Programmierfehler. Es ist bestimmt besser, ich erzähle dir
meine Geschichte etwas langsamer und von Anfang an.

Mein Name ist Y3. Ich komme vom Planeten Gorky,
aber ich spreche die Sprache der Erdlinge perfekt,
das hast du sicher schon gemerkt. Ich habe alle Wörter
einprogrammiert. Wenn ich in meiner Heimatsprache erzähle,
verstehst du wahrscheinlich nur Bahnhof:
.tnre ftne edre red nove rhajt hcilf nüf,
ykrog neten alp movem mok hci
In der Sprache der Erdlinge heißt das:
Ich komme vom Planeten Gorky,
fünf Lichtjahre von der Erde entfernt.

Für uns Gorkyaner sind fünf Lichtjahre kein Problem,
die Lichtgeschwindigkeit haben wir längst überwunden.
Der Planet Gorky ist nicht besonders groß,
nur halb so groß wie der Planet Erde.
Aber bei den Planetariern unserer Nachbarplaneten
ist Gorky sehr beliebt, und viele verbringen
ihre Ferien bei uns. Auf Gorky ist es angenehm kühl,
wir haben herrliche Purpurfelder,
viele rauchende Vulkane
und große, duftende Parfüm-Wälder.
Wir haben jede Menge Landeplätze
für den Flugverkehr.
Leider ist unser Luftraum ständig überfüllt.
Besonders die rasenden VELOPEDEN
gehen mir auf die Nerven.
Seitdem fast jeder Idiot mit so einem
neumodischen Ding herumfliegt,
kann man nicht mehr in Ruhe
durch die Atmosphäre gleiten.

Auf Gorky bewohne ich eine schöne Behausung. Sie ist ohne Schnickschnack, aber technisch auf dem allerneusten Stand, mit einer 1-a-Lage gleich hinter der Schwarzen Ebene. Die Schwarze Ebene mag ich sehr, sie strahlt eine angenehme Ruhe aus. Da mein Leben sehr abwechslungsreich ist, habe ich es zu Hause gerne ruhig. Ich lebe allein mit meinem MAMBU. Er sitzt auf seinem Lichtstrahl am Eingang zu meinem Wohlfühlraum, und jedes Mal, wenn ich in meine Behausung trete, begrüßt er mich mit angenehmen sphärischen Klängen.

Mein MAMBU

Meinen MAMBU habe ich schon lange. Er ist ein angenehmer Zeitgenosse, und seine Elektronik funktioniert einwandfrei. Ich hatte noch nie Probleme mit ihm. Außerdem habe ich einen interessanten Beruf. Er ist nie langweilig, und man kommt viel rum. Willst du wissen, was ich mache?

Seit vielen Jahren arbeite ich als intergalaktischer Reporter für unser Nachrichtenmagazin „Urknall – das intergalaktische Magazin für den aufgeweckten Planetarier“. Klingt kompliziert, ist aber nichts anderes als eine elektronische Zeitung. Meine Chefin schickt mich und meine Kollegen oft zu verschiedenen Planeten, und wir funken unsere Erlebnisse zurück nach Gorky in die Redaktion „Urknall“.

1 Welche der folgenden Aussagen sind richtig?

a) Y3 redet so schnell, weil er einen Programmierfehler hat.
b) Der Planet Gorky ist fünfzig Lichtjahre von der Erde entfernt.
c) Auf Gorky haben sie viele rauchende Vulkane, große duftende Wälder und es ist angenehm warm.
d) Der MAMBU sitzt allein auf einem Lichtstrahl am Eingang zum Wohlfühlraum.
e) Die Nachrichten für das intergalaktische Magazin werden per Mail in die Redaktion **Urknall** gesendet.

Die Ameise und die Taube

nach Äsop

Eine Ameise hatte großen Durst. Sie krabbelte den Rand eines Brunnens hinab. Gerade wollte sie trinken, da fiel sie ins Wasser. Über dem Brunnen ragte ein großer Baum auf dem eine Taube hockte. Als sie die Ameise sah ...

Inzwischen war ein Vogelfänger des Weges gekommen. Er hatte die Taube entdeckt und wollte sie fangen. An einer langen Stange befestigte er Kleberuten. Die Ameise bemerkte das und biss den Vogelfänger in den Fuß. Davon zuckte er zusammen und ließ die Stange fallen. Durch den Lärm erschrak die Taube und flog vom Baum in den Himmel. Nun war auch die Taube vom Tode gerettet.

Nicht nur Tiere auch die Menschen sollten Gutes mit Gutem vergelten.

1 Wie könnte der mittlere Teil der Fabel lauten? Die Bilder helfen dir.

2 Wie heißt die Lehre in dieser Fabel? Erkläre mit eigenen Worten, was die Lehre bedeutet.

3 Schreibe den mittleren Teil der Fabel auf.

- eine Fabel kennenlernen
- zu Bildern erzählen oder schreiben

▸ Auf der Wiese S. 80
▸ Im Jahreskreis S. 175

Der Rabe und der Fuchs

nach Jean de La Fontaine

Der Rabe hatte einen Käse gestohlen. Er hielt ihn im Schnabel und setzte sich damit auf den Ast eines Baumes. Dort wollte er den Käse in Ruhe verspeisen.

Da kam ein Fuchs vorbei, der von dem Geruch des Käses angelockt worden war. Er überlegte, wie er an den Käse kommen könnte.

„Ah, guten Tag, Herr Rabe!“, grüßte der Fuchs. „Wie schön du heute bist! Dein Federkleid leuchtet wie das eines Pfaus. Und deine Augen! Sie glänzen wie zwei Edelsteine. Wie wunderbar muss erst deine Stimme sein. Wenn ich sie doch nur einmal hören könnte!“

Dem Raben gefielen diese Schmeicheleien sehr. So sperrte er seinen Schnabel weit auf und begann aus vollem Hals zu krächzen. Der Käse fiel dabei natürlich hinunter.

Der Fuchs fing ihn auf und fraß ihn. Dann lief er lachend davon.

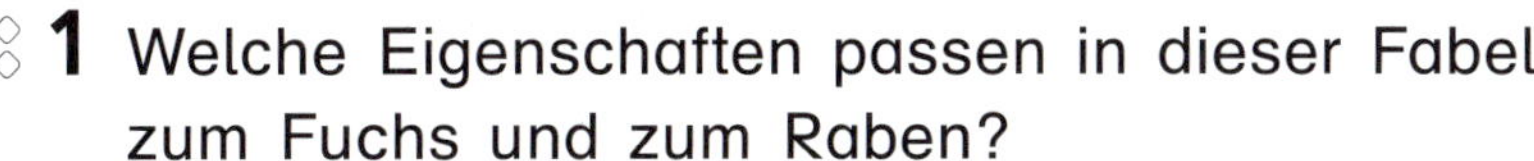

1 Welche Eigenschaften passen in dieser Fabel zum Fuchs und zum Raben?

2 Wie hat der Fuchs den Raben überlistet?

3 Was kann man aus dieser Fabel lernen? Schreibt es auf und vergleicht eure Sätze.

4 Hätte diese Fabel auch anders ausgehen können? Erzähle.

- eine Fabel untersuchen
- einen neuen Schluss für eine Fabel finden

Eine Lesekiste herstellen

Es gibt verschiedene Möglichkeiten, ein Buch vorzustellen. Du kannst zum Beispiel eine Lesekiste zu deinem Buch gestalten und es damit deinen Mitschülern vorstellen.

1. Schritt: Szene aussuchen
Suche dir nach dem Lesen des Buches eine Szene aus, die in deinem Buch eine wichtige Rolle spielt.

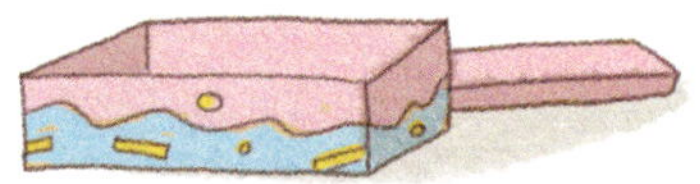

2. Schritt: Karton gestalten
Nimm einen Schuhkarton und gestalte ihn außen passend zum Buch.

3. Schritt: Karton beschriften
Schreibe auf den Karton den Titel des Buches, den Namen des Autors oder der Autorin und wer es illustriert hat.

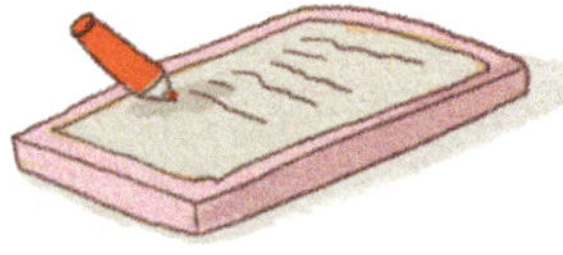

4. Schritt: Inhaltsangabe schreiben
Schreibe eine kurze Inhaltsangabe des Buches und klebe sie in den Deckel.

5. Schritt: Gegenstände sammeln und basteln
Sammle möglichst viele passende Gegenstände. Gestalte in deinem Karton nun die Szene.

6. Schritt: Lesekiste präsentieren
Präsentiere deine Lesekiste der Klasse. Lies danach einen passenden Abschnitt aus deinem Buch vor.

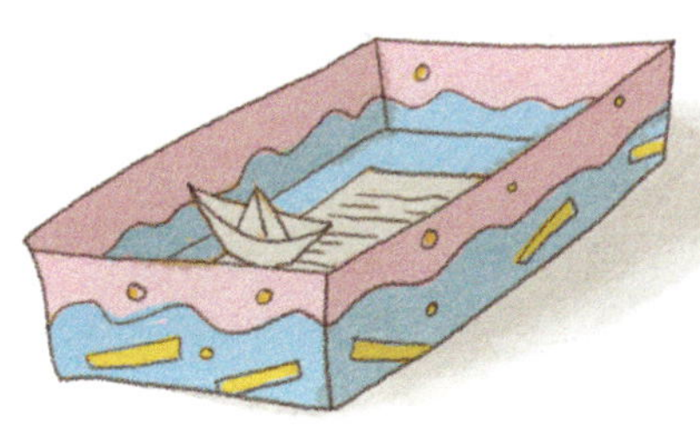

▸ eine Möglichkeit zur Dokumentation der Leseerfahrung kennenlernen

▸ Wasser und Wetter S. 100
▸ Bücher und andere Medien S. 68, 70

Buchvorstellung mit der Lesekiste

Hannes möchte seiner Klasse das Buch
Die Olchis werden Fußballmeister vorstellen.
Dazu sucht er sich die Szene aus,
in der die Olchis gegen die Mannschaft
der Schmuddelfinger spielen.

Ich brauche einen Fußball, einen Torwart, mehrere Olchis, ...

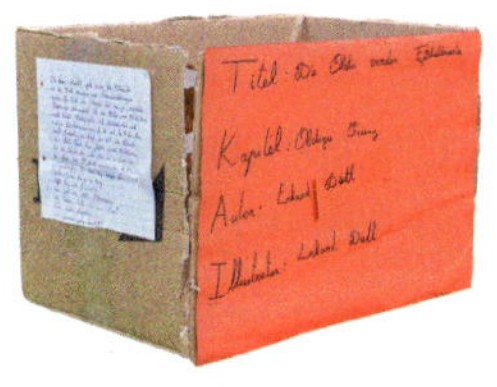

Hannes beklebt einen Karton
mit der Inhaltsangabe
und gestaltet den Karton von innen.

Inhaltsangabe:
Die Olchis finden auf der Müllkippe einen alten Fußball. Da sie noch nie einen Fußball gesehen haben, wollen sie ihn essen. Doch der Olchi-Opa erklärt ihnen, wie man damit Fußball spielt. Nachdem sie lange geübt haben, fordern sie die Mannschaft der Schmuddelfinger zu einem Turnier heraus. ...

- ein Kinderbuch auswählen und vorstellen

▸ Gesund leben S. 30
▸ Auf der Wiese S. 88

Bilder und Texte zuordnen

Ich habe eine sehr ungewöhnliche Geschichte gelesen. Ein Kind, das neu in die Klasse gekommen war, trug jeden Tag eine andere Skimütze und man konnte sein Gesicht nicht erkennen. (Ada)

Ich habe beim Lesen immer überlegt, wer wohl der Täter sein könnte, dem die beiden Detektivkinder auf der Spur waren. (Lew)

In meiner Geschichte wurde ein Junge durch ein Wort verletzt. Darüber hatte ich noch nie richtig nachgedacht. (Dunja)

Da ich später einmal Tierforscher werden möchte, habe ich mein Lieblingsbuch gelesen. Als ich klein war, habe ich mir die Bilder angeguckt und meine Eltern haben gelesen. (Arne)

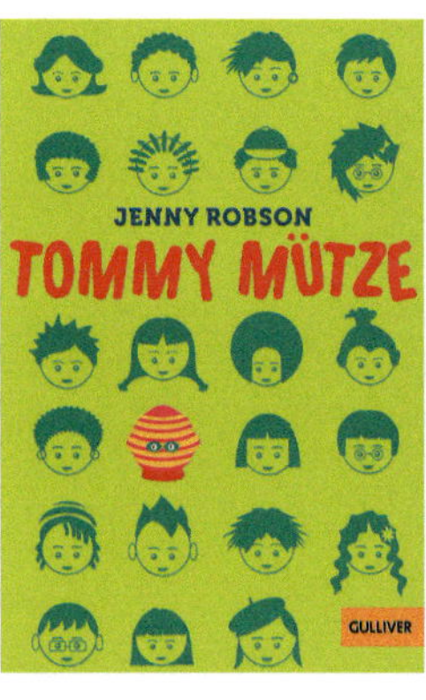

◇ **1** Wer hat welches Buch gelesen? Schreibe den Namen des Kindes und den Buchtitel auf.

◇◇◇ **2** Aus welchen dieser Bücher kannst du in diesem Lesebuch mehr erfahren?

▸ Bilder und Texte zuordnen
▸ Informationen entnehmen

▸ Gesund leben S. 34
▸ Auf der Wiese S. 96

Einen Text als Hörspiel gestalten

Aus manchen Geschichten kann man ein Hörspiel machen.

1. Schritt: Text lesen
Lies den Text mehrmals gut durch.

2. Schritt: Inhalt der Geschichte verstehen
Sprich mit einem anderen Kind über den Inhalt.
Die W-Fragen können euch dabei helfen.

3. Schritt: Hörspiel planen
Plant gemeinsam das Hörspiel:
- Welche Rollen gibt es?
- Welche Geräusche kommen vor?

4. Schritt: Hörspiel organisieren
Verteilt die Leserollen.
Sprecht ab,
wer welche Geräusche macht.

5. Schritt: Hörspiel proben
Probiert eure Ideen
für die Geräusche aus:
- mit der Stimme
- mit Instrumenten
- mit Gegenständen

Lest den Text und macht dazu
die passenden Geräusche.
Überprüft, ob alles gut
zusammenpasst.

6. Schritt: Hörspiel aufführen
Führt euer Hörspiel auf und nehmt es auf.

Probiert das mit dem Text
auf den folgenden Seiten.

▸ Mit Geschichten umgehen S. 76, 161
▸ Theater spielen S. 94

Schön gruselig

Manfred Mai

Mitten in dem Gewimmel auf dem Festplatz standen Alexander und Philipp. Sie waren schon mit der Achterbahn gefahren, hatten Zuckerwatte genascht und Lose gekauft, aber nur Nieten gezogen. Jetzt wollte Alexander zur Geisterbahn. Philipp zögerte. „Was ist?", fragte Alexander. „Ich ... ich ... fahre lieber mit dem Riesenrad", sagte Philipp.
„Hast du etwa Angst vor der Geisterbahn?"
Philipp schüttelte den Kopf. „Aber ich finde Geisterbahnen doof."
„Versteh ich nicht", sagte Alexander. „Die sind doch so schön gruselig. Ach Mensch, fahr doch mit", bat Alexander seinen Freund. „Allein macht es keinen Spaß."
Nach einigem Hin und Her gab Philipp nach und ging mit Alexander zur Geisterbahn.
„Los, komm schon!", sagte Alexander und zog Philipp hinter sich her zu einem Wagen. Kaum saßen sie darin, begann die Fahrt ins dunkle Geisterland. Zur Begrüßung reichte ihnen ein schwarzer Menschenaffe mit rot leuchtenden Augen die Hand.

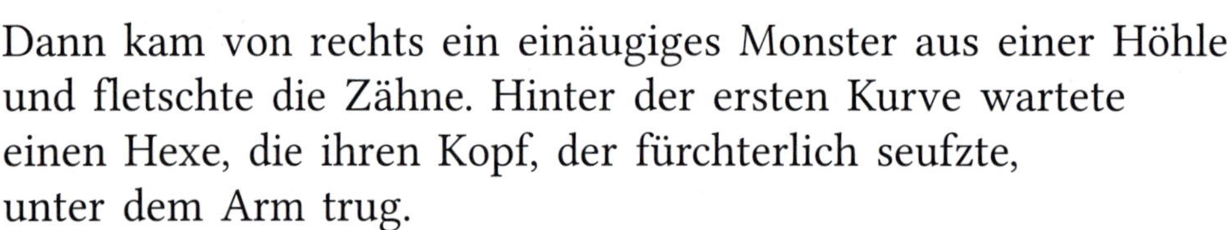

Dann kam von rechts ein einäugiges Monster aus einer Höhle und fletschte die Zähne. Hinter der ersten Kurve wartete einen Hexe, die ihren Kopf, der fürchterlich seufzte, unter dem Arm trug.

Und plötzlich flammte oben ein Licht auf. Alexander und Philipp hoben die Köpfe und sahen im Lichtschein eine riesige Spinne auf sich zukommen. Philipp konnte sich nicht mehr rechtzeitig ducken, sodass ihm die langen Spinnenbeine übers Gesicht glitten. „Pfui Teufel!", schrie er. „Ich will hier raus!"
„Das geht nicht", sagte Alexander, dem inzwischen auch ganz schön mulmig war.

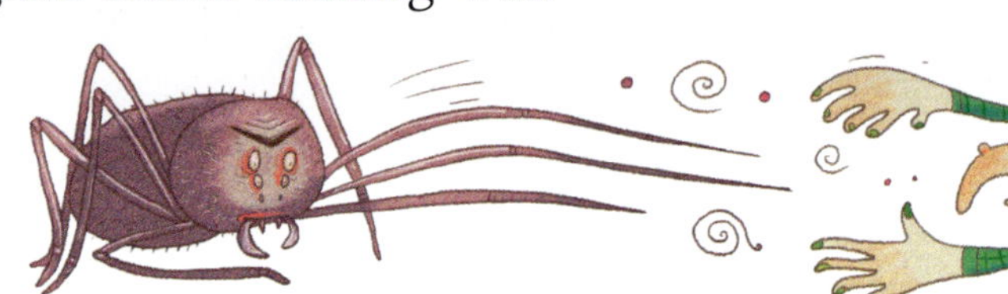

„Wir müssen zum Ausgang fahren."

In diesem Augenblick stoppte ihr Wagen und gleichzeitig erschallte ein dröhnendes Lachen.

„Warum geht es hier nicht weiter?", flüsterte Philipp.

„Keine Ahnung", flüsterte Alexander zurück.

Plötzlich öffnete sich links eine Tür, ein Skelettarm kam heraus und zog den Wagen in eine schwach erleuchtete Höhle. Mitten in der Höhle stand ein Skelett. Auf dem Boden lagen viele Knochen und ein Schädel. Kaum waren Alexander und Philipp in der Höhle, schlug die Tür hinter ihnen zu.

„Jetzt hab ich euch", krächzte das Skelett und lachte scheppernd. „Ich werde euch fressen, damit ich wieder Fleisch auf die Knochen kriege."

„Nein, nicht!", rief Philipp und schrie um Hilfe. Aber niemand half ihnen. Philipp sprang in panischer Angst aus dem Wagen und wollte zu der kleinen Tür hinaus, bekam sie aber nicht auf. Er schlug dagegen, doch die Tür blieb zu. Das Skelett lachte grässlich. Gleichzeitig öffnete sich vorne eine zweite Tür und der Wagen fuhr weiter.

„Philipp!", rief Alexander. Philipp drehte sich um, sah den Wagen mit Alexander durch die Tür verschwinden, war mit zwei Sätzen am Skelett vorbei und warf sich von hinten auf den Sitz. Da spürte er, wie sein linker Fuß gepackt und zurückgezogen wurde. „Es hat mich erwischt!", schrie Philipp. Er hing nur noch mit dem Oberkörper auf dem Wagen und hielt sich krampfhaft am Sitz fest.

„Hilf mir doch!" Alexander packte seinen Freund und versuchte, ihn in den Wagen zu zerren.

Plötzlich kamen drei Flugsaurier aus dem Dunkeln, schwirrten über die beiden hinweg und stießen dabei Furcht erregende Laute aus. Philipp rutschte nach unten, machte sich so klein wie möglich, schloss die Augen und rührte sich nicht mehr, bis sie draußen waren. Dann sagte er:

„Ich fahre nie mehr Geisterbahn!"

▸ eine Perspektive einnehmen
▸ Gefühle beschreiben
▸ Mit Geschichten umgehen S. 75
▸ Hör-CD: Nr. 1/19

Übungskiste

Ein Leserätsel lösen: Wer mag was?

Das Mädchen, das Cornelia Funke mag,
findet den Film **Die wilden Hühner** richtig gut.
Der Junge, der das Buch **Leon der Slalomdribbler** mag,
hat als Lieblingsfilm **Ich – einfach unverbesserlich**.
Das andere Mädchen würde den Film **Hanni & Nanni**
am liebsten immer wieder sehen.
Roberto gefallen besonders die Bücher von **Erhard Dietl**.
Der andere Junge mag die Geschichten,
die **Joachim Masannek** schreibt.
Ein Mädchen liest alles gern, was **Cornelia Funke**
geschrieben hat. Das Buch **Igraine Ohnefurcht**
ist im Moment ihr Lieblingsbuch.
Julikas Lieblingsbuch heißt **Miss Wiss ganz groß!**
Am liebsten liest Roberto das Buch
Die Olchis. Safari bei den Berggorillas.
Emils Lieblingsbuch ist **Leon – der Slalomdribbler**.
Das Kind, das das Buch **Miss Wiss ganz groß!** mag,
liest auch gern Bücher, die **Sabine Ludwig** schreibt.
Ein Kind mag den Film **Das kleine Gespenst** am liebsten.

1 Lege eine Tabelle in deinem Heft an.

Name	Roberto	Julika	Emil	Luna
Lieblingsbuch				
Lieblingsfilm				
Lieblingsautor				

2 Lies den Rätseltext mehrmals.
Trage immer erst dann etwas in die Tabelle ein,
wenn du dir sicher bist, dass es stimmt.

3 Überprüfe deine Lösung, indem du den Rätseltext
noch einmal liest.

- Informationen entnehmen
- Zusammenhänge herstellen
- eine Tabelle anlegen

▸ Auf der Wiese S. 87
▸ Texte verstehen S. 144

Ideenkiste

Lesepuzzle

Das benötigst du:
- ein altes Puzzle
- Filzstifte
- Buntstifte
- ein Buch, das dir gut gefällt

1. Nimm ein altes Puzzle und puzzle es.
2. Nun drehe es vorsichtig um, sodass du die Rückseite siehst.
3. Nimm dir dein Buch und suche eine Geschichte heraus. Schreibe diese mit einem dünnen Filzstift oder Fineliner auf das Puzzle. Achte darauf, dass du auf jedes Teil ein bis zwei Wörter schreibst.
4. Wenn du alle Teile beschrieben hast, kannst du mit Buntstiften noch ein passendes Hintergrundbild gestalten.
5. Nimm das Puzzle auseinander und gib es einem Partner zum Puzzeln.

Auf der Wiese

◇ **1** Beschreibe das Bild.

◇◇ **2** Was ist falsch an dem Bild?

◇◇◇ **3** Warum könnte sich der Elefant fürchten? Begründe.

- ein Bild beschreiben
- Perspektiven einnehmen

Witze

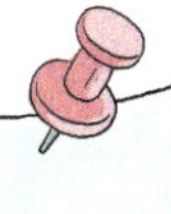

Ein Elefant und eine Maus gehen spazieren.
Fragt die Maus: „Darf ich unter dir laufen? Mir ist so heiß.“
Der Elefant: „Ok, aber nur wenn wir uns abwechseln.“

Gehen ein Elefant und eine Maus ins Kino.
Am Eingang steht ein Schild, darauf steht: „Programm 2 Euro.“
Der Elefant dreht sich um und will gehen.
Die Maus fragt: „Wo willst du hin?“
Der Elefant antwortet: „Das ist viel zu teuer, da steht
pro Gramm 2 Euro.“

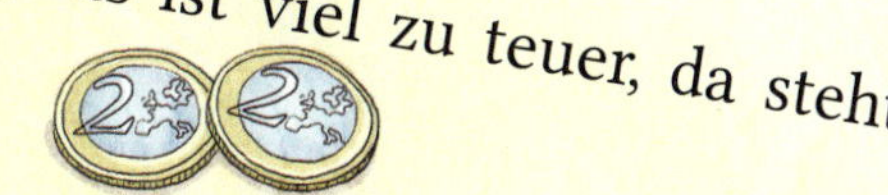

Zwei Mäuse treffen einen Elefanten. Sagt die erste Maus zur zweiten: „Du, den braten wir uns. Ich hole schnell Feuerholz und du bewachst ihn!“ Nach einer Weile kommt die erste Maus mit dem Feuerholz zurück und der Elefant ist weg.
Fragt die erste Maus: „Wo ist denn der Elefant hin?“
Darauf die zweite Maus: „Der ist mir abgehauen!“
Die erste Maus: „Erzähle mir doch nichts, du kaust ja noch!!“

Wieso arbeitet ein Elefant nie an einem Computer? –
Weil er Angst vor der Maus hat.

◇ **1** Kennst du einen Witz mit Tieren? Erzähle ihn.

◇◇ **2** Lerne einen Witz und trage ihn vor.

▸ einen Witz vortragen

▸ Gesund leben S. 44

Auf der Wiese um die Welt

Angela und Ina Hoffmann

Fast überall auf der Erde begegnen uns Graslandschaften. Wo die Temperaturen es zulassen, wachsen Gräser und Kräuter. Die Pflanzen haben sich den unterschiedlichen Lebensbedingungen angepasst und verschiedene Lebensräume ausgebildet. Drei von ihnen lernst du hier kennen.

Savanne

Die Graslandschaften in der Nähe des Äquators nennt man Savannen. Sie liegen zwischen den tropischen Regenwäldern und den Wüsten. Hier herrscht ein trockenes Klima und die Erde ist sehr wasserarm. Nur in großen Abständen wachsen einzelne Bäume zwischen den Gräsern. In den Savannen steht das Gras oft so hoch, dass sich zwischen den Halmen Löwen, Geparde oder Warzenschweine verstecken können. Ihr Fell ist zwischen den trockenen braunen Halmen gut getarnt.

Prärie

Die Graslandschaften in Nordamerika und Kanada heißen Prärien. Im Gegensatz zur Savanne wachsen dort keine Bäume. Bis vor etwa 200 Jahren zogen riesige Bisonherden über das Grasland, wie es von den Prärieindianern genannt wurde. Heute wird die Prärie teilweise künstlich bewässert, sodass in diesen Gebieten Weizen und Mais angebaut werden kann. Auch in Südamerika erstrecken sich weite Grasflächen, auf denen Rinder gezüchtet werden.
Diese Grassteppe nennt man Pampa.

Tundra

Bevor die arktischen Eiswüsten beginnen, stößt man auf die Tundra. Hier wachsen nur niedrige Gräser und Pflanzen, die lange Kälteperioden überstehen können. Neun bis zehn Monate im Jahr liegt dort Schnee, der die Pflanzen vor der schlimmsten Kälte schützt. Sobald er schmilzt, wachsen viele bunte Blumen. Schneeeulen, Polarfüchse, Wölfe und Rentiere finden in der Tundra ein Zuhause.

C

◇ **1** Ordne die drei Fotos den passenden Texten zu. Begründe deine Entscheidung und schreibe sie auf.

◇◇ **2** Welche Landschaft und ihre Bewohner interessieren dich besonders? Sammle weitere Informationen.

◇◇◇ **3** Stelle deine Ergebnisse in einer kurzen Präsentation vor.

- Informationen entnehmen
- recherchieren

▸ Lernen lernen S. 54

Alphabet der Tiere

Theo Stemmler

Adler fliegen hoch und weit
in des Himmels Ewigkeit.

Bären brauchen ihre Tatzen,
wenn sie wilden Honig
schmatzen.

Chamäleons mit schneller Zunge
fangen Mücken – auch ganz junge.

Drachen gab es früher mal
überall in großer Zahl.

Enten quaken laut und schrill,
schweigen über Tag nicht still.

Fische gleiten durch das Meer,
springen über manches Wehr.

Gänse laufen auf der Weide,
schnattern laut zu unsrer Freude.

Hasen rasen über Felder
und auch in die lichten Wälder.

Igel gehn aus dem Gehäuse
nachts und jagen dicke Mäuse.

Jaguare zeigen Krallen,
wenn sie Beute überfallen.

Krebse kriechen nah am Strand
durch den feinen Meeressand.

Luchse haben scharfe Augen,
die zum Jagen sehr gut taugen.

Mäuse fressen gerne Speck,
knabbern ihn den Menschen weg.

Nasobeme gibt es nur
in der schönen Lit'ratur.

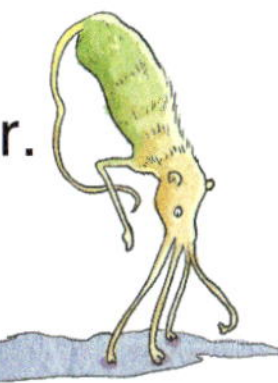

Ochsen zogen früher Karren,
ohne jemals zu verharren.

Pandas fressen unverdrossen
jede Menge Bambussprossen.

Quallen sind ganz wunderschön
in den Wellen anzusehn.

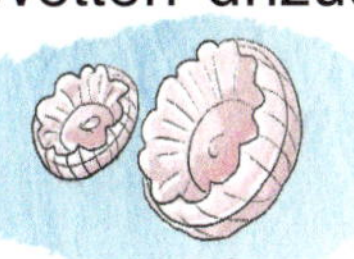

Rehe sind ganz sanft und scheu,
Streit ist ihnen einerlei.

Stare lieben Starenkästen:
Diese schützen sie am besten.

Tiger streifen durch den Wald,
bis des Jägers Büchse knallt.

Uhus haben große Augen,
die zum Mäusejagen taugen.

Vögel wolln in Freiheit leben,
ohne Fesseln sich bewegen.

Wiedehopfe können fliegen,
doch nicht hopfen oder wieden.

Xenopusse – sieh mal da! –
gibt es nur in Afrika.

Yaks haben ein dickes Fell:
Darum friern sie nicht so schnell.

Zebrastreifen gehn nicht weg,
denn die sind ja gar kein Dreck.

▸ Mit Gedichten umgehen S. 42

▸ Hör-CD: Nr. 2/5

Die Mücke

Erwin Moser

Iiiiiiiiiiiiiiiii Ich liege im Bett.
Iiiiiiiiiiiiiiiii Eine Mücke summt.
Iiiiiiiiiiiiiiiii Mücke, sei nett.
Iiiiiiiiiiiiiiiii Mücke, flieg weg!

Du willst mich wohl stechen,
du durstiges Biest!
Ich weiß, wie das
bei euch Mücken so ist!
Hör mich an, liebe Mücke:
Lässt du mich in Ruh,
so schwöre ich,
dass ich dir auch nichts tu!

Iiiiiiiiiiiiiiiii Ich liege im Bett.
Iiiiiiiiiiiiiiiii Eine Mücke summt.
Iiiiiiiiiiiiiiiii Mücke, sei nett.
Iiiiiiiiiiiiiiiii Bitte flieg weg …

Au!
Patsch! …
Iiiiiiiiiii
Na warte du
hinterlistiges Vieh!

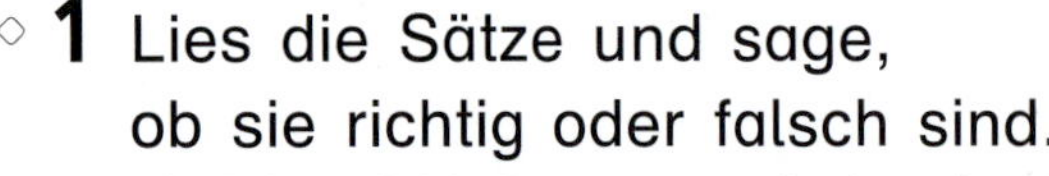

◇ **1** Lies die Sätze und sage,
ob sie richtig oder falsch sind.
a) Eine Mücke summt durch das Zimmer.
b) Der Mensch sagt, dass die Mücke hungrig ist.
c) Das Gedicht handelt von einer Made.

◇◇ **2** Lies das Gedicht mit einem Partner.

- richtige Aussagen finden
- einen Gedichtvortrag vorbereiten und halten

▸ Hör-CD: Nr. 2/6

Es summt und brummt auf der Wiese

Auf der Wiese wimmelt es nur so vor kleinen Lebewesen. Auf wenigen Metern leben Hunderte verschiedene Insektenarten. Man kann den Lebensraum Wiese in mehrere Schichten aufteilen: Du kannst Insekten im Boden, zwischen den abgestorbenen Blättern der Streuschicht, auf und zwischen den Blättern und Stängeln von Pflanzen oder in den Blüten entdecken. Die Tiere sind an ihren Lebensraum angepasst. Sie finden dort Nahrung, Schutz vor Feinden und vermehren sich.

Name		Schicht	Größe	Nahrung
Wiesenhummel		Blütenschicht	9–14 mm	Pollen und Nektar
Glühwürmchen		Blütenschicht	1–2 cm	keine Nahrung
Marienkäfer		Blatt-/Stängelschicht	5–8 mm	Blatt- und Schildläuse
Grashüpfer		Blatt-/Stängelschicht	13–23 mm	Gräser
Steinkriecher		Streuschicht	2–3,5 cm	Asseln, Spinnen, Insekten
Laufkäfer		Streuschicht	17–23 mm	Insekten, Larven, Würmer
Wegameise		Boden-/Wurzelschicht	3–5 mm	Honigtau

1 Was erfährst du über Insekten der Wiese?

2 Stellt euch zu Text und Tabelle gegenseitig Fragen.

- Informationen aus Text und Tabelle entnehmen
- Fragen formulieren

▶ Bücher und andere Medien S. 78
▶ Texte verstehen S. 144

Törtel, die Schildkröte aus dem McGrün

Wieland Freund

Törtel schlüpfte an einem Freitag um Mitternacht in einem Terrarium von McGrün, dem großen Baumarkt an der Bundesstraße 1.
Im McGrün wurde Törtel groß. Er war keine auffällige Schildkröte. Törtel war insgesamt schlammfarben und wurde lange nicht gekauft.

Eines Tages wurde Törtel doch gekauft. King Kurt war ein Mann schneller Entschlüsse. Mit einem Geranienkasten unter dem Arm kam er an Törtels Terrarium vorbei und beschloss, dass er ein Haustier brauche. Wenig später zuckelte Törtel, in einen Pappkarton gesperrt, über das Förderband der Kasse.

Für Törtel brachen harte Zeiten an. Zunächst lebte er in King Kurts Wohnzimmer. Dort krabbelte er über den fleckigen Teppich und sah mit King Kurt stundenlang fern.
Bald allerdings war King Kurt die Schildkrötenhaufen in seinem Wohnzimmer leid. Er quartierte Törtel ins Badezimmer um. Dort hauste Törtel in der großen, weißen Wanne, allein mit sich, seinen Salatblättern und einem niemals ausgespülten Marmeladenglasdeckel voll Wasser.

Auch die Zeit in der Badewanne ging zu Ende. Hinter dem Badezimmerfenster leuchtete ein herrlicher Sommernachmittag, als King Kurt mit seinem bleichen, tätowierten Arm in die Wanne langte. Törtel zog sich augenblicklich zurück, versteckte Hals und Kopf und alle vier Beine. Aber auch so entging ihm nicht, dass er aus der Wohnung getragen wurde, das Treppenhaus hinab und hinaus auf die Straße.
Dann ging es los. Wahrscheinlich wollte King Kurt Törtel einfach aussetzen wie einen Hund. An einer Autobahnraststätte zum Beispiel. Weil King Kurt aber eben ein Mann schneller Entschlüsse war, kam es anders. Wie der Zufall wollte, herrschte in Müggeldorf, am äußersten Rand Berlins, gerade gar kein Verkehr. King Kurt fühlte sich unbeobachtet. Und so kurbelte er einfach das Fenster der Beifahrertür hinunter, schnappte sich Törtel und warf ihn bei voller Fahrt hinaus.

Niemand sah, wie Törtel über die Fahrbahn flog, hart auf dem grauen Asphalt der Müggelseestraße landete und auf der Rundung seines Panzers weiterschlitterte, bis ihn die Bordsteinkante stoppte. King Kurt bin ich los, dachte er, sobald er wieder einen klaren Gedanken fassen konnte. Leider liege ich auf dem Rücken, dachte er dann.

Es war Mitternacht in Müggeldorf. Draußen auf dem See wiegte sich Hokuspokus, der Schwan, auf den Wellen. Gedankenverloren sah er Wendy, der Füchsin, zu, die im Mondlicht über den Strand lief. Wendy machte die große Runde. Schließlich bog sie links in die Müggelseestraße ab, an deren Ende Törtel immer noch auf dem Rücken lag. Törtel bewunderte gerade eine Kastanie und genoss sein kleines Glück, als Wendy ihn erreichte. Die Füchsin machte halt. Füchse sind vorsichtig, sagte sich Wendy, aber neugierig sind sie auch. Langsam streckte sie ihre spitze Nase vor, geduckt und jederzeit bereit, sich mit einem Satz in Sicherheit zu bringen. Törtel bemerkte sie nicht einmal. Er war mit seinem Baum beschäftigt. Umso größer war der Schrecken, als Wendys feuchte Nase ihn berührte. Törtel schlotterte in seinem Panzer. Dann spürte er, wie Wendy ihn anstupste. Er hielt den Atem an.

1 Wo wurde Törtel geboren?

2 Wie ist es Törtel bei King Kurt ergangen?

3 Wie könnte die Geschichte weitergehen?

- zentrale Aussagen erfassen und wiedergeben
- eine Geschichte weitererzählen

▸ Lernen lernen S. 73

▸ Hör-CD: Nr. 2/7

Fragen und Antworten

In einem Text sind oft viele Informationen enthalten. Wenn wir uns gegenseitig Fragen zu einem Text stellen und beantworten, können wir den Text besser verstehen und uns die Informationen merken.

1. Schritt: Gruppen bilden
Wir arbeiten zu dritt
oder zu viert.

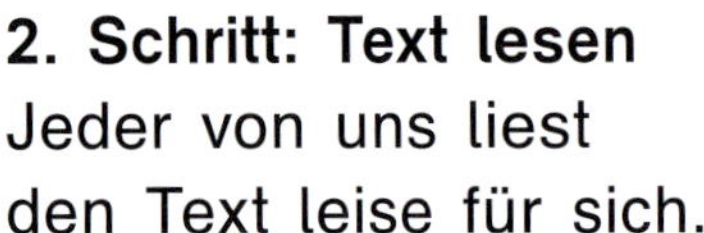

2. Schritt: Text lesen
Jeder von uns liest
den Text leise für sich.

3. Schritt: Unbekannte Wörter klären
Wir erklären uns unbekannte Wörter
gegenseitig oder schlagen sie nach.

4. Schritt: Fragen überlegen
Jeder von uns überlegt sich
Fragen zu dem Text.
Die Antwort muss im Text zu finden sein.
Die Fragen können wir auch aufschreiben.

Wer ist ...?

Wo wohnt ...?

Wie fühlt ...?

5. Schritt: Fragen – antworten
Einer von uns stellt eine Frage,
ein anderes Kind antwortet.
Um die Antwort zu überprüfen,
nennt ein Kind die Zeile aus
dem Text und liest sie vor.

Probiert diese Schritte mit dem Text auf der nächsten Seite aus.

▸ eine methodische Anleitung zur Sicherung des Textverständnisses kennenlernen

▸ Texte verstehen S. 56
▸ Leben auf dem Land S. 47
▸ Detektive S. 134

Sandor – Fledermaus mit Köpfchen

Dorothea Flechsig

Sandor ist ein großer Abendsegler aus Transsilvanien. Eine sprechende Fledermaus mit einem Knick im linken Ohr. Ganz alleine wohnt Sandor in der hintersten Ecke des Klassenzimmers in einem alten Rollokasten. Genau unter ihm sitzt der Junge Jendrik. Er ist kein guter Schüler und wird oft von seinen Klassenkameraden gehänselt. – Mit ihm freundet Sandor sich an. Gemeinsam lüften sie gleich ein großes Geheimnis.

„Na endlich!“, meckert Sandor und flattert wie wild um Jendriks Kopf. „Los, hopp, wir müssen zum alten Steinturm, oben an der Waldlichtung!“

„Was wollen wir denn da?“, wundert sich Jendrik.

„Ich habe da neulich Nacht etwas sehr Seltsames beobachtet!“, raunt Sandor und flattert los. Jendrik tritt so fest er kann in die Pedale, um seinem kleinen Freund zu folgen.

Bald sind die beiden auf dem schmalen Schotterweg, der zum Turm führt. Das hohe steinerne Bauwerk ist der Überrest einer alten Burg, die im 10. Jahrhundert gebaut wurde.

„So. Und jetzt musst du genau an dieser Stelle graben. Da, wo der dicke Stein liegt!“ Jendrik ist verblüfft.

„Ich soll graben. Womit denn? Und wieso?“ Sandor flattert voller ungeduldiger Vorfreude. „Weil hier ein Dieb einen Schatz vergraben hat. Ich habe ihn nachts beobachtet und konnte sehen, wie er ihn hier verschwinden ließ.“

Jendrik kann es kaum glauben. Er hebt gleich den schweren Stein hoch und fängt mit beiden Händen an zu graben. Zum Glück ist der Boden trocken und sandig. Es dauert nicht lang, und er fühlt tatsächlich etwas Hartes.

Ein Gedicht als Kamishibai

Wenn du ein Gedicht einmal anders vortragen möchtest, kannst du dazu ein Kamishibai benutzen.
Kamishibai heißt „Papiertheater“ und ist aus Japan.
Folgendes musst du beachten:

1. Schritt: Gedicht aussuchen
Wähle dir ein Gedicht aus, das man gut in Bildern darstellen kann.

2. Schritt: Bilder malen
Male zu Versen oder Strophen passende Bilder auf DIN-A4-Blätter.

3. Schritt: Gedicht lernen
Lerne das Gedicht auswendig.

4. Schritt: Vortrag üben
Übe deinen Vortrag.
Sag das Gedicht auf und zeige in dem Kamishibai deine Bilder.
Achte darauf, dass die Bilder immer genau zu dem passen, was du gerade aufsagst.

Übe das mit dem Gedicht auf der nächsten Seite.

- eine Möglichkeit zur Präsentation eines Gedichts kennenlernen und anwenden

- Mit Gedichten umgehen S. 110, 111
- Im Jahreskreis S. 170, 178

Die Computermaus

Mustafa Haikal

Eine Computermaus wollte mal raus
aus ihren virtuellen Räumen.
Und richtig leben und richtig träumen.
So wie ich und du, wie Peter und Klaus,
nur eben als Maus.

Wollte mal klettern, wollte mal kratzen,
wollte mal ein Stück Käse riechen
und, wenn es das gab,
in ein Löchlein kriechen.

Mit einem Wort:
Sie wollte fort.

Und wie sie schon hin und her dachte
und sich einen guten Plan machte,
so vom Leben umworben,
hat man ihr alles verdorben.

Nun ratet, was geschah? Es liegt nah:
Der Strom war weg.

Ein Lied singen und dazu spielen

Der Frosch zog Hemd und Hose an

Text: Fredrik Vahle

Melodie: mündlich überliefert aus England

2. Dann hüpft er zu dem Mauseloch, aha, aha!
   Dann hüpft er zu dem Mauseloch
   und küsst die Maus, die liebt ihn doch, aha, aha!

3. Die Maus sagt: „Du bist nass und grün,
   jedoch du quakst so wunderschön."

4. Dann holt sie ihren Federhut,
   der steht ihr aber wirklich gut!

5. „Wo feiern wir? Ich freu mich schon."
   „In einem alten Pappkarton."

6. Die ersten Gäste kamen an,
   Rabe, Hamster, Spatz und Hahn.

7. Der Rabe stakste steif herein
   und rief sogleich:
   „Wo bleibt der Wein?"

Wiederhole immer die erste Zeile.
Hänge an die erste und dritte Zeile immer aha, aha! an.

Theater spielen

8. Der Hamster ist heut sehr galant,
er schüttelt jedermann die Hand.

9. Der Spatz, der hüpft im Zickzack ran,
weil er vortrefflich hüpfen kann.

10. Der Hahn stolzierte stolz heran
und kräht, so laut er krähen kann.

11. Und dann kam Onkel Ratte rein,
der trank sein Bier und schlief gleich ein.

12. Der Frosch quakt seinen schönsten Ton,
da wackelte der Pappkarton!

13. Der Kater Karlo hörte das
und schlich sich ran durchs hohe Gras.

14. Die Maus rief: „Guck, der Kater kommt!
Jetzt alle Mann den Fürchteton!“

15. Das quietschte und das pfiff und schrie,
der Kater rannte weg – und wie!

16. Er warnte seinen kleinen Sohn
vor dem Gespenst im Pappkarton.

17. Die Tiere in dem Pappkarton,
die tanzten, bis sie müde war’n.

◇ **1** Singt und spielt das Lied in drei Gruppen:

- Gruppe 1 singt das Lied als Erzähler der Geschichte.
- Gruppe 2 singt und spielt das **Aha, aha!** als Zuschauer.
- Gruppe 3 stellt mit Gestik, Mimik und Stimme die Tiere dar.

Zum Schluss tanzen alle und singen dabei **aha, aha.**

- ein Lied szenisch gestalten
- zusammenarbeiten

▸ Mit Geschichten umgehen S. 75
▸ Wasser und Wetter S. 105
▸ Hör-CD: Nr. 2/9

Übungskiste

Bilder und Texte zuordnen

1

A

Die Gartenkreuzspinne hat ein Kreuz auf dem Hinterleib. Das Weibchen wird ungefähr 15 Millimeter, das Männchen 5 Millimeter groß. Ihre Farbe ist Schwarz oder Braungelb bis Dunkelrot.

2

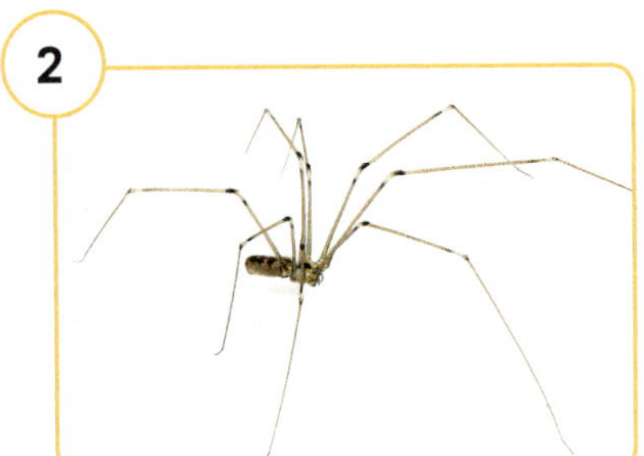

B

Das Weibchen der Wespenspinne ist gelb, schwarz und weiß und ähnelt durch die Farben einer Wespe. Es wird bis zu 25 Millimeter groß.

3

C

Die Winkelspinne hat eine schwarzbraune Färbung. Der Körper wird 10 bis 16 Millimeter lang. Die Beine sind behaart. Gerne krabbelt diese Spinne auch in Keller oder Badezimmer.

4

D

Zitterspinnen haben extrem lange und zierliche Beine. Sie werden oft mit Weberknechten verwechselt. Ihren Namen hat sie, weil sie anfängt zu zittern, wenn man sie berührt oder im Netz stört.

1 Lies die Texte und schau dir die Bilder an. Welcher Text gehört zu welchem Bild?

2 Erkläre einem Partner, woran du das erkannt hast.

- Texte sinnverstehend lesen
- Bilder und Texte zuordnen

- Mit Geschichten umgehen S. 74
- Gesund leben S. 34

Ideenkiste

Arbeiten mit Becherlupen

Das benötigst du:
- eine Becherlupe
- ein weißes Blatt
- einen Bleistift
- Buntstifte

1. Geht mit eurer Becherlupe auf eine Wiese, in den Wald oder an ein Gewässer.
2. Sucht vor Ort nach einem kleinen Tier oder Insekt, das ihr vorsichtig in eure Becherlupe setzt. Verschließt die Becherlupe.
3. Geht mit der Becherlupe zurück in euren Klassenraum an euren Platz.
4. Beobachtet euer Tier oder Insekt durch die Lupe.
5. Zeichnet es mit einem Bleistift auf das weiße Blatt.
6. Malt euer gezeichnetes Tier oder Insekt so aus, wie es in eurer Becherlupe aussieht.
7. Präsentiert euren Mitschülern euer Bild und das Tier oder Insekt in der Becherlupe.
8. Bringt euer Tier oder Insekt in der Becherlupe zurück in die Natur.

- eine Anleitung verstehen und durchführen
- ein Ergebnis präsentieren

Vom Wasser und vom Wetter

Pfützenwetter

Peter Doig: Blotter, 1993

◇ **1** Was entdeckst du auf dem Bild?

◇◇ **2** Erzähle von einem eigenen Erlebnis bei Pfützenwetter.

- ein Kunstwerk betrachten
- erzählen und zuhören
- über Erfahrungen sprechen

Spiegel

Alfred Könner

In der kleinen
Regenpfütze
glitzern tausend
Sonnenblitze,
spiegelt sich der
Störche Zug,
eines Drachens
Wolkenpflug,
zieht ein Flugzeug
durch den Raum,
steht ein Stück vom
Lindenbaum,
glänzt das fernste
Sternenlicht,
schwebt und zittert
dein Gesicht.

◇ **1** Was spiegelt sich alles in der Regenpfütze?

◇◇ **2** Fotografiert das, was sich in einer Pfütze spiegelt.

◇◇ **3** Schreibt zu eurem Foto einen Text
und macht eine Ausstellung
mit euren Fotos und Texten.

Sturm über dem Meer

Cornelia Funke

Auf ihrem Flug zum Drachenparadies erlebten der Silberdrache Lung, der Drachenreiter Ben und das Koboldmädchen Schwefelfell viele Abenteuer.

Der Wind, der ihnen schon die ganze Zeit entgegenblies, wurde stärker und stärker. Lung versuchte ihm auszuweichen. Er stieg mal höher und ließ sich dann wieder tiefer sinken, aber der Wind war überall. Immer mühsamer kam der Drache voran. Wolken türmten sich wie Himmelsgebirge vor ihnen auf. Donner grollte. Blitze erhellten den immer noch dunklen Himmel.

„Wir kommen vom Kurs ab, Lung!“, rief Ben. „Der Wind treibt dich nach Süden!“
„Ich komme nicht gegen ihn an!“, rief der Drache zurück. Mit all seiner Kraft stemmte er sich gegen den unsichtbaren Feind. Doch der Wind riss ihn mit sich, heulte ihm in die Ohren und drückte ihn hinunter, auf die schäumenden Wellen zu.

Ben und Schwefelfell klammerten sich verzweifelt an Lungs Zacken. Zum Glück hatte auch Schwefelfell sich festgebunden. Ohne die Riemen wären sie von Lungs Rücken gerutscht und in die Tiefe gestürzt.

Regen peitschte aus den Wolkenbergen auf sie herab.

Bald waren die Zacken des Drachens so glitschig, dass ihre Hände nirgendwo mehr Halt fanden und Schwefelfell sich an Bens Rücken klammerte.

Unter ihnen schäumte das Meer. Ein paar Inseln lagen zwischen den Wellen, sonst war kein Land in Sicht.

„Ich glaub, wir treiben auf die ägyptische Küste zu!“, schrie Ben.

Schwefelfell klammerte sich noch fester an ihn.

„Küste?“, rief sie. „Küste ist gut, egal welche. Hauptsache, wir landen nicht in der Suppe da unten.“

Die Sonne ging auf, aber sie war nur ein blasses Licht hinter den dunklen Wolken. Lung kämpfte. Der Sturm drückte ihn immer wieder auf die Wellen zu, so tief, dass die Gischt Ben und Schwefelfell ins Gesicht spritzte. Dann tauchte plötzlich ein Küstenstreifen aus dem Dunst auf.

„Da!“, schrie Ben. „Da vorne ist Land, Lung. Schaffst du es dahin?“

Mit letzter Kraft stemmte der Drache sich gegen den Wind und näherte sich langsam, ganz langsam dem rettenden Ufer.

Unter ihnen peitschte das Meer gegen niedrige Klippen, Palmen bogen sich im Wind.

„Wir schaffen es!“, schrie Schwefelfell und bohrte ihre kleinen Krallen durch Bens Pullover. „Wir schaffen es!“

◇◇ **1** Wie erleben die Drachenreiter den Sturm? Nenne drei Beispiele.

- Informationen entnehmen
- eine Perspektive einnehmen

▸ Lernen lernen S. 72

▸ Hör-CD: Nr. 1/10

Starkregen und Gewitter in Berlin

Vollgelaufene Keller, überflutete Straßen, verspätete Flüge – und der Regen lässt nicht nach. Zwar hat die Feuerwehr den gestern Abend ausgerufenen Ausnahmezustand aufgehoben, doch auch am heutigen Mittwoch erwarten uns wieder heftige Unwetter.

Die Berliner Feuerwehr hat am Dienstagabend den vorsorglich wegen eines heftigen Gewitters ausgerufenen Ausnahmezustand aufgehoben. Es gab nach Angaben eines Sprechers knapp 80 witterungsbedingte Einsätze. Meist handelte es sich um vollgelaufene Keller oder überflutete Straßenunterführungen.
In Brandenburg haben Blitzeinschläge mehrere Dachstuhlbrände verursacht. In Müllrose (Oder-Spree) brannte nach Angaben der Polizei eine Scheune aus. In Cottbus traf ein Blitz den Dachstuhl eines Rohbaus. Ebenfalls einen Dachstuhlbrand durch einen Blitzeinschlag gab es in Dallgow-Döberitz (Havelland). In vielen Teilen Brandenburgs stürzten Bäume um. Die Aufräumarbeiten dauerten am Mittwochmorgen noch an.

◇ **1** Welche Schäden richtete das Unwetter in Berlin und Brandenburg an?

◇◇ **2** Sucht in Zeitungen und anderen Medien nach Meldungen über besondere Wettererscheinungen und ihre Auswirkungen.

◇ **1** Welche dieser Hinweise hast du schon einmal beachtet? Erzähle.

Was tun, wenn es blitzt?

- Ruhe bewahren
- auf freiem Feld eine Mulde suchen, in die Hocke gehen, Arme um den Körper schlingen
- nicht unter Bäumen unterstellen
- nicht an Zäune lehnen
- keinen Regenschirm benutzen
- nicht mit dem Rad fahren
- im Schwimmbad das Wasser sofort verlassen
- im Auto oder zu Hause bleiben
- zu Hause Stecker von Fernseher und Computer ziehen
- in Gebäuden nie ans Fenster stellen

◇ **2** Ordne die Ratschläge in eine Tabelle ein.

Was soll man tun?	Was soll man nicht tun?

◇◇◇ **3** Berichte mithilfe der Stichwörter über das richtige Verhalten bei Gewitter.

- Informationen entnehmen und wiedergeben
- Lernen lernen S. 109, 124
- Früher und heute S. 130

Das Wassertröpflein

Johann Wolfgang von Goethe

Tröpflein muss zur Erde fallen,
muss die zarten Blümchen netzen,
muss mit Quellen weiter wallen,
muss das Fischlein auch ergötzen,
muss im Bach die Mühle schlagen,
muss im Strom die Schiffe tragen,
und wo wären denn die Meere,
wenn nicht erst das Tröpflein wäre.

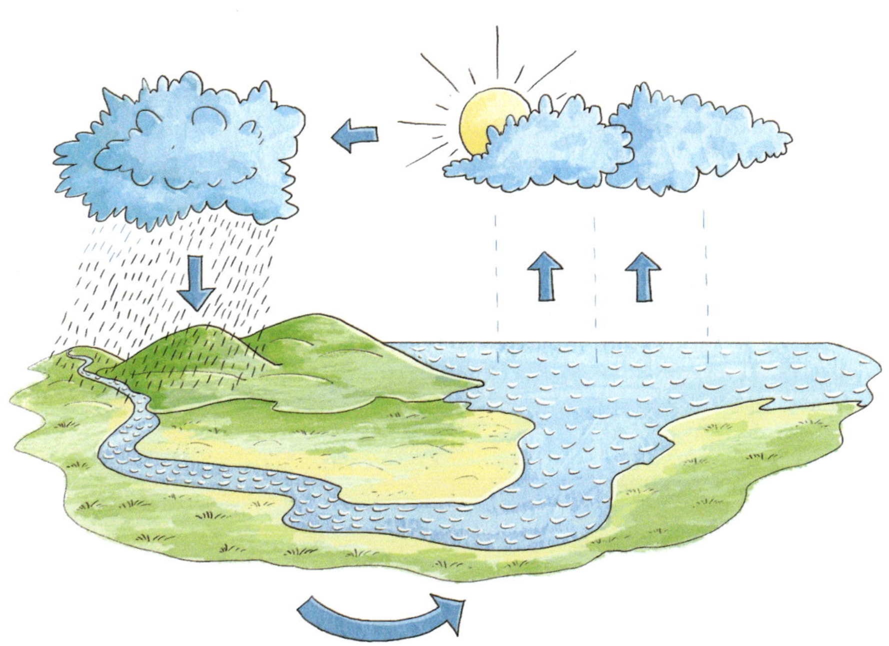

◇◇ **1** Klärt gemeinsam die Wörter, die ihr nicht versteht.

◇◇ **2** Vergleiche das Gedicht mit der Grafik.

◇◇◇ **3** Erkläre den Wasserkreislauf.

▶ Informationen aus einer Grafik entnehmen
▶ Textsorten vergleichen
▶ Lernen lernen S. 124
▶ Im Jahreskreis S. 180
▶ Hör-CD: Nr. 1/11

Wasser braucht der Wasserfloh

Melodie: Reinhard Lakomy / Text: Monika Erhardt

C a F G
Was - ser braucht der Was - ser - floh und das Nil - pferd e - ben - so,

C a F G
Was - ser braucht der Was - ser - hahn, dass sich je - der wa - schen kann,

F e F e
und am Baum ein je - des Blatt wächst nur, wenn es Was - ser hat.

F e F G7
Was - ser braucht die gan - ze Welt, weil es sie am Le - ben hält.

C F D G7
Was - ser, Was - ser, klar und hell, Was - ser, Was - ser, Le - bens - quell,

C F C F C
vie - le tau - send Was - ser flie - ßen fern und nah,

F G7 C
Was - ser ist für al - le, ist für al - le da.

Unterwegs im Kirnitzschtal

An der Grenze zu Tschechien fließt ein kleiner Fluss – die Kirnitzsch. Auf Tschechisch nennt man ihn Křinice, was so viel wie Wasserrinne bedeutet. Der Name verrät schon, dass der Fluss nicht sehr groß ist. Trotzdem lohnt sich ein Ausflug ins Kirnitzschtal der Sächsischen Schweiz. Hier erlebst du nicht nur wunderschöne Natur, sondern erfährst auch, wie vielfältig man die Kraft des Wassers nutzen kann.

Vor vielen Jahren wurden auf dem Fluss noch große Baumstämme transportiert. Diesen Transportweg nennt man Triften. Damit die Stämme sich nicht in den engen Windungen des Flusses aufstauten, mussten die Arbeiter oft etwas nachhelfen. Das Holz gelangte so bis zur Elbe. Hier mündet die Kirnitzsch. Dort wurde das Holz auf Schiffen oder zu Flößen zusammengebunden bis an den Sächsischen Hof in Dresden oder zu den Porzellanmanufakturen in Meißen weitertransportiert. Heute wird kein Holz mehr durch das enge Tal geschleust. Schon seit 1879 kann man den Fluss jedoch auch als Tourist erkunden: Steige im kleinen Ort Hinterhermsdorf an der Oberen Schleuse selbst in ein Boot fahre die Kirnitzsch hinunter.

Dass das Wasser des Flusses nicht nur beim Transport half, lernst du an der Neumann-Mühle, wo du ein großes Wasserrad besichtigen kannst. Mit diesem Rad wurden Maschinen für die Holzverarbeitung betrieben. An der Mühle beginnt auch der Lehrpfad Flößersteig: Folge ihm, um mehr über die Arbeit und das Leben der Menschen an der Kirnitzsch zu erfahren.

1 Was bedeutet der Name der Kirnitzsch?

2 Erkläre den Ablauf des Holztransports auf der Kirnitzsch.

3 Suche auf einer Landkarte den Ort Hinterhermsdorf und die Kirnitzsch.

Die Sage von der Froschleiter

nacherzählt von Manfred Kliche

Vor vielen Jahren herrschte im Spreewald eine große Dürre. Viele der Nebenfließe der Spree waren fast ausgetrocknet. So war es auch mit der Radduscher Kahnfahrt. In der Nähe der Radduscher Kaupen, beim Haus des Bauern und Fischers Jedro, lebten zu dieser Zeit eine Vielzahl von Wasserfröschen, die von einem großen dicken alten Frosch angeführt wurden. Eines Tages merkte Jedro, dass die Frösche nicht mehr ihr allmorgendliches und allabendliches Konzert abhielten. In der Kahnfahrt war nur noch sehr wenig Wasser und die Frösche konnten nun auch nicht mehr an Land, um wenigstens den Morgentau in den Wiesen zur Erfrischung zu nutzen. Da sprach der dicke Frosch zum Bauern: „Bitte hilf uns, wir werden es dir auch danken!“ Jedro wusste um die Nützlichkeit der Frösche in dieser mückenreichen Gegend und beschloss zu helfen. Er baute eine Leiter aus Erlenholz und stellte sie in das Fließ. Die Frösche konnten nun einer nach dem anderen an das Ufer klettern und verschwanden in den Büschen.

Bald darauf setzten heftige Regengüsse ein und die Fließe stiegen wieder stark an. Die Feuchtigkeit führte letztlich zu einer großen Mückenplage – nur Jedro merkte kaum etwas davon, denn die Frösche fingen alles Ungeziefer!

1 Warum baute der Bauer und Fischer Jedro eine Froschleiter?

2 Wie dankten es ihm die Frösche?

3 Finde heraus, was Radduscher Kahnfahrt und Radduscher Kaupen bedeuten.

▸ Informationen entnehmen ▸ recherchieren ▸ Lernen lernen S. 108 ▸ Hör-CD: Nr. 1/13

Informationen auswählen

Texte enthalten oft viele verschiedene Informationen.
Welche Informationen in einem Text wichtig sind,
hängt von der Aufgabenstellung ab.

1. Schritt: Aufgabe erfassen
Ich lese die Aufgabe und erkenne, was ich im Text auffinden soll.

2. Schritt: Text gründlich lesen
Ich lese den Text Wort für Wort. Dabei entscheide ich,
welche Informationen für die Lösung der Aufgabe
wichtig oder unwichtig sind.

- Ich mache mir Notizen oder schreibe die Zeilennummern auf, in denen die Informationen stehen.
- Ich unterstreiche oder markiere die wichtigen Textstellen, wenn das Buch mir gehört.

3. Schritt: Aufgabe beantworten
Ich formuliere die Antwort oder verwende die gefundenen
Informationen weiter.

Übe das mit dem Text auf der nächsten Seite.
Wähle dazu eine Aufgabe aus.

◇◇ **1** Wie entsteht ein Gewitter?

◇◇ **2** Warum regnet, graupelt oder hagelt es bei Gewitter?

◇◇ **3** Was geschieht, wenn Wassertropfen und Eiskristalle zusammenstoßen?

Lernen lernen

▸ Informationen auswählen
▸ mit Textstellen belegen

▸ Leben auf dem Land S. 52
▸ Wasser und Wetter S. 106, 107

Gewitter

Ein heißer Sommertag ist doch etwas Schönes! Ihr könnt baden gehen, in der Sonne liegen oder ein leckeres Eis essen. Aber oft endet ein solcher Tag anders, als er begonnen hat. Am eben noch strahlend blauen Himmel bauen sich Wolkentürme auf, es stürmt und schüttet wie aus Eimern. Dazu blitzt und donnert es. Ein Gewitter tobt. Wie kommt das?

Ein Gewitter entsteht, wenn es heiß und die Luft sehr feucht ist. Die feuchtwarme Luft aus dem Erdboden oder aus Gewässern steigt nach oben und kühlt sich ab. Es bildet sich eine riesige Wolke, weil kalte Luft weniger Feuchtigkeit speichern kann als warme. Eine solche Wolke kann sich bis zu 12 Kilometer hoch auftürmen und so schwer werden wie Hunderte voll beladener Jumbojets.

In der Wolke geht es heftig zu. Im oberen Teil gefrieren die Wassertropfen zu Eiskristallen, im unteren Teil bleiben sie flüssig. Wie beim Schleudergang in einer Waschmaschine werden Wassertropfen und Eiskristalle von kräftigen Auf- und Abwinden ständig durcheinandergewirbelt. So bilden sich immer größere Teilchen. Diese fallen schließlich als Regen, Graupel oder Hagel zur Erde.

Das Durcheinanderwirbeln der Teilchen hat noch eine weitere Folge. Wenn Wassertropfen und Eiskristalle zusammenstoßen, entsteht eine elektrische Ladung. Im oberen, kälteren Teil verstärkt sich die positive Ladung. Im unteren, wärmeren Teil nimmt die negative Ladung zu. Es entsteht eine gewaltige elektrische Spannung. Irgendwann entlädt sich diese Spannung – es blitzt und donnert.

▶ Wasser und Wetter S. 103

Ein Gedicht mit Klängen und Geräuschen gestalten

Gewitter

Erwin Moser

Der Himmel ist blau
Der Himmel wird grau
Wind fegt herbei
Vogelgeschrei
Wolken fast schwarz
Lauf, weiße Katz!
Blitz durch die Stille
Donnergebrülle
Zwei Tropfen im Staub
Dann Prasseln auf Laub
Regenwand
Verschwommenes Land
Blitze tollen
Donner rollen
Es plitscht und platscht
Es trommelt und klatscht
Es rauscht und klopft
Es braust und tropft
Eine Stunde lang
Herrlich bang
Dann Donner schon fern
Kaum noch zu hör'n
Regen ganz fein
Luft frisch und rein
Himmel noch grau
Himmel bald blau!

1 Denkt euch zu den Versen passende Klänge und Geräusche aus.

2 Tragt das Gedicht mit den Klängen und Geräuschen vor.

Mit Gedichten umgehen

▸ ein Gedicht mit Geräuschen gestalten und präsentieren

▸ Mit Gedichten umgehen S. 92, 160
▸ Im Jahreskreis S. 189
▸ Hör-CD: Nr. 1/14

Zwei Gedichte auseinandernehmen

Der Regenbogen – Wolkenschimmel

Josef Guggenmos – Wolfgang Menzel

Ein Regenbogen,
komm und schau!
Rot und orange,
gelb, grün und blau!
Ich liege im Grase
und halte die Nase
hinauf in den Himmel.

So herrlich die Farben
kann keiner bezahlen,
sie über den halben
Himmel zu malen.
Dort fliegt ein Schimmel
in schnellem Lauf.

Ihn malte die Sonne
mit goldener Hand
auf eine wandernde
Regenwand.
Und ich reite drauf!

Mit Gedichten umgehen

◇ **1** Lies das Ganze erst einmal durch.

◇◇ **2** Finde heraus, welches Gedicht vom Regenbogen und welches von der Wolke erzählt.

◇◇ **3** Schreibe eines der beiden Gedichte auf.

▸ Gedichte auseinandernehmen
▸ Texte sinngestaltend vorlesen
▸ Mit Gedichten umgehen S. 92
▸ Hör-CD: Nr. 1/15

Ein Märchen aus anderer Sicht erzählen

Nordwind und Ostwind

Lettisches Volksmärchen

Einmal im Winter trafen sich der eisige Nordwind und der kalte Ostwind. Sie hatten fleißig ihre Arbeit getan: den Schnee über die Erde geweht und Flüsse und Seen mit einer Eisdecke zugedeckt. Jetzt tanzten sie übermütig umher.
„Hörst du?“, sagte der Ostwind. „Im Wald sind Menschen. Wir wollen sie richtig durchpusten.“
Der Nordwind war einverstanden und beide sausten los. Am Abend kamen sie wieder zusammen. Der Nordwind lachte fröhlich. „Dem hab ich's aber gegeben!“, rief er. „Einem Reichen im dicken Pelz bin ich in den Kragen gefahren. Je mehr er sich in den Pelz verkroch, desto enger habe ich ihn umgefasst. Er war richtig steif gefroren.“
Der Ostwind aber konnte sich kaum aufrecht halten. „Ach“, stöhnte er, „ich blies einen Armen in dünner Jacke an. Aber er schlug die Hände zusammen und trampelte mit den Füßen. Als ich mich fester an ihn klammerte, fing er an, Holz zu hacken. Davon wurde ihm so warm, dass er sogar die Jacke auszog. Ich bin hineingekrochen, aber er merkte es und schlug sie so lange gegen einen Baumstamm, bis ich herausfiel. Alle Knochen tun mir weh.“

◇ **1** Erzähle der Reihe nach, was geschah.

◇◇◇ **2** Der Reiche und der Arme sprechen zu Hause von ihrem Tag im Wald. Suche dir eine Figur aus. Erzähle oder schreibe das Märchen aus ihrer Sicht auf.

▸ ein Märchen kennenlernen
▸ Perspektiven einnehmen

▸ Mit Geschichten umgehen S. 146

▸ Hör-CD: Nr. 1/16

Ein Märchen aus anderer Sicht erzählen II

Das Sonnenmärchen

Roland Manzke

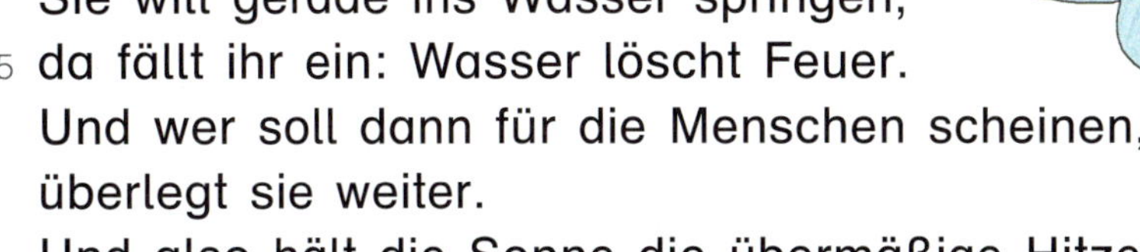

Die Sonne schwitzt. Ihr ist heiß.
Unten rauscht das Meer.
Sie beschließt, baden zu gehen.
Sie will gerade ins Wasser springen,
da fällt ihr ein: Wasser löscht Feuer.
Und wer soll dann für die Menschen scheinen,
überlegt sie weiter.
Und also hält die Sonne die übermäßige Hitze aus,
die in ihr ist, wunderbarerweise.
Und sie scheint und scheint.
Und jeden Morgen denkt sie aufs Neue daran,
wie sie einst beinah ins Wasser gesprungen
und erloschen wäre.
Und sie errötet bei diesem Gedanken.

1 Stell dir vor, du bist die Sonne.
Erzähle das Märchen in der Ich-Form.

2 Denke dir ein Märchen aus der Sicht
eines Regentropfens oder einer Wolke aus.

▸ Im Jahreskreis S. 180

Übungskiste

Wie wird das Wetter?

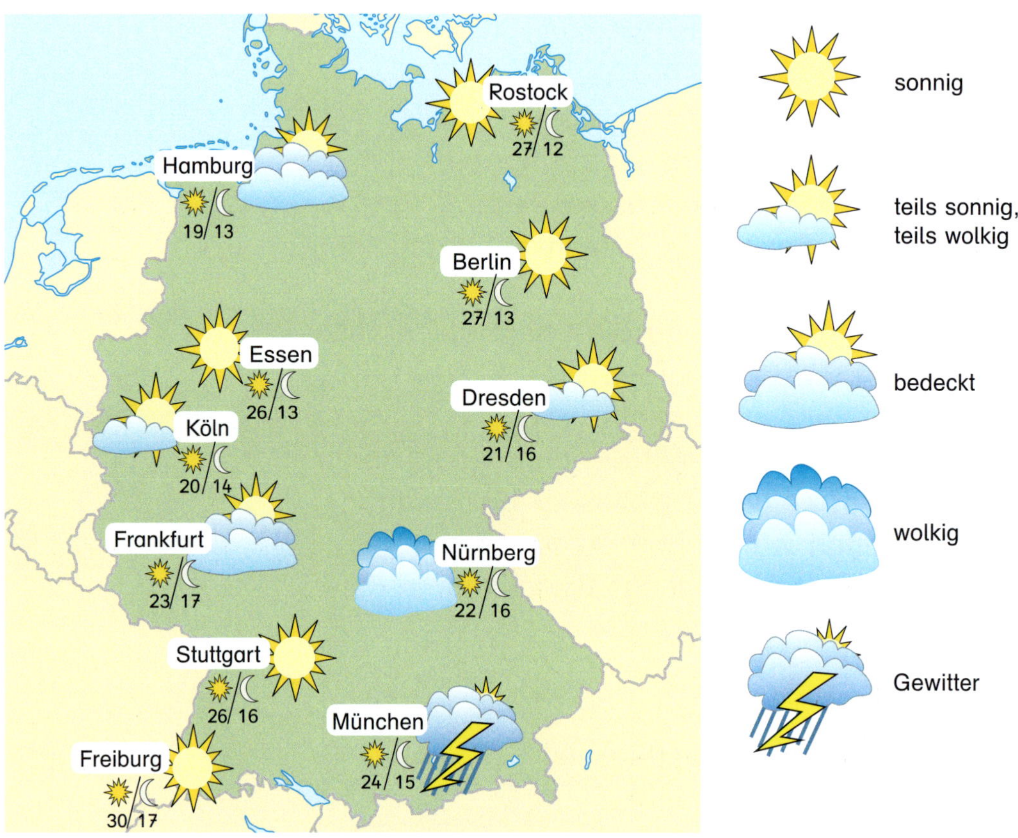

Klara: „In Hamburg kann man ins Freibad gehen. Das Wetter wird richtig gut."

Karim: „In München kann Tante Claudia ihr Grillfest auf jeden Fall im Freien machen."

Timo: „In Dresden sollte man aber sicherheitshalber einen Regenschirm dabeihaben."

Emre: „In Rostock lohnt es sich, einen langen Strandtag einzuplanen."

Mia: „In Berlin sollte man den Besuch im Zoo besser verschieben. Es wird regnen."

◇ **1** Wer sagt hier etwas, das nicht stimmt? Vergleiche mit der Wetterkarte.

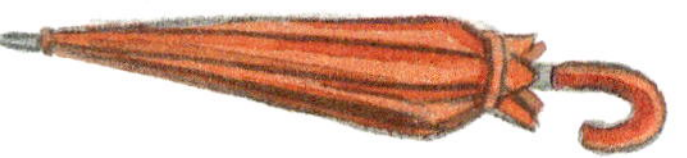

▸ Aussagen zu einem diskontinuierlichen Text überprüfen

▸ Texte verstehen S. 22

Ideenkiste

Musik mit der Wasserorgel

Ihr könnt mit Wasser Musik machen,
wenn ihr euch eine Wasserorgel aus Flaschen baut.

Das benötigt ihr:
- mindestens acht leere, saubere Glasflaschen gleicher Form
- Leitungswasser
- Löffel

So geht ihr vor:

1. Füllt etwa acht Flaschen gleicher Form unterschiedlich hoch mit Wasser.
2. Wenn ihr die Flaschen vorsichtig mit einem Löffel anschlagt, erzeugt ihr bei jeder Flasche einen anderen Ton.
3. Stellt fest, wie die Töne klingen und sortiert sie nach der Tonhöhe.
4. Nun könnt ihr versuchen, ein Lied auf der Wasserorgel zu spielen.

eine schriftliche Anweisung verstehen und durchführen

Früher und heute

Damals – heute

◇ **1** Welche Bilder zeigen Situationen von früher?
Woran hast du das erkannt? Begründe.

◇ **2** Befrage deine Eltern und Großeltern nach ihrer Kindheit.

- Informationen entnehmen
- über eigene Erfahrungen sprechen

Die Heinzelmännchen

August Kopisch

Eine Sage erzählt, dass früher kleine Heinzelmännchen in Köln den Menschen bei ihrer Arbeit halfen, wenn diese müde einschliefen.

Die Zimmerleute streckten sich
hin auf die Spän' und reckten sich.
Indessen kam die Geisterschar
und sah,
was da zu zimmern war.
Nahm Meißel und Beil,
und die Säge in Eil;
sie sägten und stachen
und hieben und brachen,
berappten und kappten,
visierten wie Falken
und setzten die Balken.
Eh sich der Zimmermann versah,
klapp, stand das ganze Haus schon fertig da!

Einst hatt' ein Schneider große Pein:
Der Staatsrock sollte fertig sein;
warf hin das Zeug und legte sich
hin auf das Ohr und pflegte sich.
Da schlüpften sie frisch
in den Schneidertisch.
Sie schnitten und rückten
und nähten und stickten
und fassten und passten
und strichen und guckten
und zupften und ruckten.
Und eh mein Schneiderlein erwacht,
war Bürgermeisters Rock bereits gemacht!

◇ **1** Welche Handwerke werden in der Sage beschrieben?

◇◇ **2** Welche Tätigkeiten gehören zu den Handwerken?

- eine Sage lesen
- Informationen entnehmen

▸ Mit Geschichten umgehen S. 24

▸ Hör-CD: Nr. 1/20

Spiele von Oma und Opa

Gisela Muhr

Früher hatten die Kinder noch nicht so viele Spielsachen wie heute. Auch die meisten elektrischen Spielsachen wurden erst vor kurzer Zeit erfunden.

Aber den Kindern war deswegen früher nicht langweilig. Es gab viele Spiele, die sie gemeinsam spielten.

Wäscheklammerjagd

Das benötigt man zum Spiel:
für jedes Kind sechs Wäscheklammern

Spielbeginn: Begrenzt ein Spielfeld. Jeder Mitspieler erhält sechs Wäscheklammern, die er an seiner Kleidung befestigt.

Das Spiel: Alle Kinder laufen auf dem Spielfeld herum und versuchen, den Mitspielern so viele Klammern wie möglich zu rauben. Klammern wegnehmen ist solange möglich, wie man selbst noch Klammern hat. Wenn ein Spieler keine Klammern mehr hat, muss er das Spielfeld verlassen und darf erst in der nächsten Runde wieder mitspielen.
Gewonnen hat das Kind mit den meisten Klammern.

Spielregel: Begrenzt die Wäscheklammerjagd zeitlich, da die Klammern sonst zu häufig die Besitzer wechseln könnten und das Spiel nicht endet.
Rempeln und nach den Mitspielern schlagen, um den Raub der Klammern zu verhindern, ist nicht erlaubt.

Knöpfchenspiel

Ein Spiel für beliebig viele Kinder

Das benötigt man zum Spiel:
ein kleines Gefäß, zum Beispiel eine Tasse oder ein Glas,
fünf Knöpfe je Spieler,
vielleicht Bleistift und Papier

Spielbeginn: Es wird ausgezählt, welcher Spieler beginnen darf. Das Gefäß wird auf den Tisch gestellt.

Das Spiel: Das erste Kind muss versuchen, einen Knopf mithilfe eines zweiten Knopfes in das Gefäß zu schnipsen. Dazu wird der „Wurfknopf“ etwa 20–25 Zentimeter von dem Gefäß entfernt platziert. Der Spieler nimmt einen weiteren Knopf zwischen Daumen und Zeigefinger, setzt ihn am Rand des Wurfknopfes auf und drückt kräftig nach unten. Dadurch „springt“ der Wurfknopf hoch und landet mit etwas Glück in dem Gefäß.
Wenn ein Kind all seine Knöpfe verschossen hat, ist der nächste Spieler an der Reihe.
Das Spiel gewinnt, wer am häufigsten in das Gefäß trifft.

Spielregel: Spielt mehrere Runden, da dieses Spiel etwas Übung verlangt. Notiert die Anzahl der Knöpfe, die versenkt wurden, damit am Schluss der Sieger ermittelt werden kann. Je nach Geschicklichkeit der einzelnen Spieler kann man die Entfernung zum Gefäß variieren.

- zusammenarbeiten
- eine schriftliche Anleitung verstehen und durchführen

▶ Lernen lernen S. 142

Ein langer Weg zur Schule

Manfred Mai

Papa muss geschäftlich nach München fahren und Mama begleitet ihn. Am Morgen reicht die Zeit gerade noch, um die Kinder zur Schule zu fahren und sich zu verabschieden.
„Opa holt euch heute Mittag ab“, sagt Mama und drückt Lena einen Kuss auf die Wange.

Opa Werner wartet schon ein paar Minuten vor Schulschluss. Er beobachtet, wie immer mehr Autos angefahren kommen. Die wenigen freien Parkplätze sind schnell belegt. Die meisten Autos stehen dicht gedrängt am Straßenrand, einige mit laufendem Motor. Der Gong ertönt und wenig später strömen die Kinder aus den verschiedenen Gebäuden des Schulzentrums.

Opa Werner entdeckt zuerst Lena, winkt ihr zu und ruft: „Hier bin ich!“
Alexander kommt wenig später, schaut sich suchend um und fragt dann:
„Wo steht dein Auto?“
„In der Garage“, antwortet Opa.
„Was?“, rutscht es Alexander heraus.
„Wieso in der Garage? Ist es kaputt?“
„Nein, zum Glück nicht. Aber wir können doch gut nach Hause laufen, Bewegung ist gesund!“
„So weit?“, ruft Alexander ungläubig und guckt seinen Opa dabei an, als sei das völlig unmöglich.
„So weit ist es doch gar nicht. In zwanzig Minuten sind wir zu Hause. Mein Schulweg war mindestens fünf Mal so lang und den musste ich jeden Tag zu Fuß gehen, das ganze Jahr, auch im Winter.“

Er nimmt Lena an der Hand und geht los.

„Bist du wirklich jeden Tag zu Fuß zur Schule gelaufen?“, fragt Lena.

„Natürlich“, antwortet Opa.

„Damals hatte kaum jemand ein Auto. Meine Mutter hätte auch gar keine Zeit gehabt, mich zu fahren. Und Schulbusse gab es auch noch nicht.“

„Und der Weg war wirklich so lang?“

„Wir haben mehr als eine Stunde gebraucht, wenn wir zügig gelaufen sind“, antwortet Opa.

„Wenn wir unterwegs noch gespielt oder etwas entdeckt haben, hat es natürlich länger gedauert. Im Winter saßen wir dann mit den nassen Kleidern in der Schule. Es gab noch keine richtige Heizung. Im Klassenzimmer stand nur ein Ofen, der mit Holz und Kohle geheizt wurde. An kalten Tagen wurde es gar nicht richtig warm und wir haben den ganzen Morgen gefroren. Nach der Schule mussten wir zurück nach Hause, natürlich auch zu Fuß. Erst als ich größer war und mit dem alten Fahrrad meiner Mutter fahren konnte, ging's etwas schneller.“

◇ **1** Wie kommen Alexander und Lena zur Schule? Wie kommen sie wieder nach Hause?

◇ **2** Wie ist Opa Werner als Kind zur Schule gekommen? Wie lange hat er für seinen Schulweg gebraucht?

◇ **3** Wie kommst du zur Schule? Wie lange brauchst du?

◇◇ **4** Finde heraus, wie deine Eltern und deine Großeltern zur Schule gekommen sind. Berichte.

▸ Informationen entnehmen und mit eigenen Erfahrungen vergleichen

▸ Hör-CD: Nr. 1/21

Interview: Schule früher und heute

Früher war vieles anders. Auch der Unterricht lief nicht so ab, wie ihr es heute kennt.

Frau Schiemann, in welchem Jahr sind Sie eingeschult worden und wie alt waren Sie damals?
Ich bin 1931 eingeschult worden, da war ich sechs Jahre alt.

Wie viele Kinder gingen in Ihre Klasse?
In meine Klasse gingen 40 Kinder.

Wie sind Sie zur Schule gekommen und wie lang war Ihr Schulweg?
Ich bin zu Fuß zur Schule, die „Baracken“ hieß. Der Hinweg dauerte ungefähr 30 Minuten, der Rückweg dauerte meist etwas länger, weil man gebummelt hat. Manchmal haben wir die Feuerkäfer beobachtet.

Wie sah Ihr Klassenzimmer aus?
In meinem Klassenzimmer gab es drei Reihen mit Schulbänken, die alle zusammenhängend waren. Unter unserer Tischplatte war in einem Fach Platz für unsere Schultaschen. Oben rechts auf die Tischplatte wurde das Tintenfass gestellt. Vorne im Klassenzimmer gab es eine Tafel und rechts an der Seite war eine schmale Tafel, auf der auch wir Kinder mal schreiben durften.

Was war Ihr Lieblingsfach und warum?
Lesen, ich habe gerne gelesen.

Was haben Sie in den Hofpausen gemacht?
In den Pausen sind wir auf den Hof gegangen, die Pause war nicht lang. Wenn etwas gespielt wurde, dann so etwas wie Einkriege.

Anna, in welchem Jahr bist du eingeschult worden und wie alt warst du?
Ich wurde im Sommer 2011 eingeschult und war sechs Jahre alt.

Wie viele Kinder gehen in deine Klasse?
Wir sind 23 Kinder. Es sind zwölf Jungen und elf Mädchen.

Wie kommst du zur Schule und wie lang ist dein Schulweg?
Meine Eltern bringen mich mit dem Auto oder ich fahre mit dem Fahrrad. Ich brauche mit dem Fahrrad zehn Minuten, mit dem Auto sind es nur fünf Minuten.

Wie sieht dein Klassenzimmer aus?
Jedes Kind hat einen Stuhl. Immer zwei Kinder sitzen an einem Tisch. Wir schauen alle nach vorne zur Tafel, aber manchmal arbeiten wir auch an Gruppentischen. Unter den Tischen haben wir eine Ablage, in die wir Hefte und Bücher legen können. Jedes Kind hat auch ein Fach im Klassenzimmer. Da legen wir unsere Kunstsachen und Bastelblöcke rein. Wir haben eine elektrische Tafel, die an einen Computer angeschlossen ist. Die finde ich besonders toll. Man kann auf ihr schreiben, aber wir können auch ins Internet oder uns Filme anschauen.

Was ist dein Lieblingsfach und warum?
Ich mag Sport, weil ich gerne renne und gut darin bin. Wir spielen manchmal Spiele und haben dabei viel Spaß.

Was machst du in den Hofpausen?
Bei uns gibt es einen Ballwagen, aus dem können wir uns Bälle, aber auch andere Spielsachen ausleihen. Manchmal leihe ich mir einen Basketball aus oder ich spiele auf dem Spielplatz mit meinen Freunden.

1 Vergleiche die Antworten. Was ist anders? Was ist ähnlich oder gleich?

- Interviews lesen
- Texte vergleichen
- Aussagen mit Textstellen belegen

Schritt für Schritt lesen

Texte sind oft lang und enthalten viele wichtige Informationen. Um mir die Informationen besser merken zu können, sollte ich folgende Schritte beim Lesen berücksichtigen:

1. Schritt: Sich einen Überblick verschaffen
Ich betrachte die Bilder und lese die Überschrift. Ich überlege, worum es im Text gehen könnte.

2. Schritt: Text lesen
Ich lese den Text.

3. Schritt: Unbekannte Wörter klären
Ich kläre unbekannte Wörter.
Dazu kann ich noch einmal genau nachlesen, die Wörter nachschlagen oder nachfragen.

4. Schritt: Wichtiges markieren
Ich lese Satz für Satz und markiere Wichtiges.
Wenn ich nicht im Text markieren kann, schreibe ich mir die wichtigen Angaben auf einen Notizzettel.

5. Schritt: Den Text zusammenfassen
Mithilfe meiner Markierungen erzähle ich, wovon der Text handelt.

Probiert das mit dem Text auf der nächsten Seite aus.

- eine Lesestrategie kennenlernen

▸ Wasser und Wetter S. 103, 104
▸ Bücher und andere Medien S. 64

Pioniere der Luftfahrt

Über Jahre beobachteten die Brüder Otto und Gustav Lilienthal Vögel. Sie wollten sich abschauen, wie man in der Luft gleitet. Zuerst schrieb Otto seine Beobachtungen nieder. Die Brüder bauten Flugapparate, die sich steuern ließen.

1891 war es endlich so weit: Otto Lilienthal ging mit einem Gleiter in die Luft! Er startete mit einem kräftigen Anlauf von einem Hügel. 25 Meter weit ging Lilienthals erster Flug. Am 9. August 1896 stürzte Otto Lilienthal ab und starb.

Wenige Jahre später: Die Brüder Wright aus Ohio wussten von den Gleitern der Lilienthals und schafften den entscheidenden Schritt: Sie konstruierten einen Motor, der mit Benzin betrieben wurde und dabei leicht genug für ein Flugzeug war. Er hatte 12 PS.

Am 17. Dezember 1903 wagte der eine Bruder das große Abenteuer: In den Sanddünen in North Carolina nahm sein Gefährt Fahrt auf, erhob sich vom Boden und flog aus eigener Kraft. Der erste Motorflug der Geschichte war ein kurzes Vergnügen. Er dauerte nur zwölf Sekunden und reichte dabei 36 Meter. Doch schon im vierten Versuch schafften die Brüder 260 Meter; fast eine Minute war der Flieger in der Luft! Von da an ging die Entwicklung in rasantem Tempo immer weiter.

In den folgenden Jahren entwickelte sich das Flugzeug laufend weiter: Die Piloten flogen die Maschinen über immer weitere Strecken. Während 1919 der Atlantik das erste Mal mit einem Flugzeug überquert (3040 Kilometer) wurde, können heute Flugzeuge bis zu 17 000 Kilometer weit fliegen.

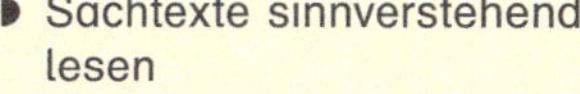

- Sachtexte sinnverstehend lesen
- einen Text zusammenfassen

▸ Lernen lernen S. 54

▸ Hör-CD: Nr. 1/22

Textabschnitte in die richtige Reihenfolge bringen

Texte, dessen Abschnitte nicht in der richtigen Reihenfolge vorliegen, kannst du so sortieren:

1. Schritt: Alle Abschnitte lesen
Ich lese mir zunächst alle Textabschnitte durch.

2. Schritt: Anfang und Ende suchen
Ich überlege, welcher Abschnitt der Anfang sein muss.
Ich überlege, welcher Abschnitt das Ende sein könnte.

3. Schritt: Anfang lesen und Anschluss finden
Ich lese den ersten Abschnitt erneut und überlege, welcher Abschnitt am besten folgen könnte.

4. Schritt: Anschluss finden
Ich lese den Textabschnitt, den ich als letztes hinzugefügt habe, und überlege, welcher Abschnitt dann folgen könnte.
Ich wiederhole den 4. Schritt, bis ich den gesamten Text in die richtige Reihenfolge gebracht habe.

5. Schritt: Text kontrollieren
Ich lese den gesamten Text und kontrolliere, ob er Sinn ergibt.

Probiere das mit dem Text auf der nächsten Seite aus.

▶ Im Jahreskreis S. 168

Im 15. Jahrhundert wurde die Puppe als Spielzeug für Kinder immer wichtiger. Zur damaligen Zeit wurde sie aus Naturprodukten, zum Beispiel Ton oder Pflanzenfasern, hergestellt.

Wie lange gibt es Spielzeug? Anika Şahin
Kinder haben schon immer gespielt, meistens hatten sie jedoch nicht so viel Spielzeug wie Kinder heutzutage. Bei Forschungsarbeiten fanden Forscher in Höhlen kleine Steinkugeln und sie vermuten, dass Kinder bereits in der Steinzeit mit ihnen spielten. Die Steinkugeln sahen so ähnlich aus wie die heutigen Murmeln.

1962 erfand die Firma von Heinz Kettler das Kettcar. Auf den ersten Blick wirkt es wie ein Auto, aber es wird mithilfe von Pedalen, also wie ein Fahrrad, angetrieben. Dieses Spielzeug ist recht groß und für draußen geeignet.

Ein anderes, sehr altes Spielzeug ist der Peitschenkreisel. Nicht nur eure Großeltern, sondern auch Kinder im alten Ägypten und in China spielten bereits vor 2000 Jahren mit ihm. Sie mussten einen Kegel, der auf dem Boden stand, mit dem Seil einer Peitsche umwickeln. Nun zog das Kind ganz schnell am Seil und hoffte, dass der Kegel sich drehte.

In den letzten Jahren wurden elektrische Spielsachen immer beliebter. So gibt es seit 1989 die Spielkonsole Gameboy. Sie war bei Kindern sehr beliebt und wurde über 118 Millionen Mal verkauft. Die Firmen entwickeln immer neue Spiele und Spielkonsolen. Heute kennen viele Kinder Spiele für den Computer oder Tablets.

Texte verstehen

▸ Textteile in die richtige Reihenfolge bringen ▸ Früher und heute S. 130 ▸ Hör-CD: Nr. 1/23

Eine Geschichte spielen

Wie Till Eulenspiegel vom Rathaus fliegen wollte

Till Eulenspiegel ist in Magdeburg bekannt, weil er dort viele Späße getrieben hat. Als er wieder in Magdeburg ist, wird er von den Bürgern aufgefordert, etwas Außergewöhnliches zu machen. Er sagt, er wolle am nächsten Tag vom Erker des Rathauses fliegen.

Am nächsten Tag kommt Jung und Alt zum Rathaus, um das Schauspiel zu sehen. Till klettert auf den Balkon und von dort auf das Dach.

Er bewegt die Arme und tut, als ob er fliegen würde.

Die Menschen staunen.

Da fängt Till an zu lachen.
Er ruft: „Ich dachte, ich sei hier der Narr. Aber die ganze Stadt scheint voll Narren zu sein. Ihr glaubt, ich kann fliegen. Ich bin doch kein Vogel. Natürlich habe ich gelogen."

Viele Menschen lachen, schimpfen oder sagen: „Till Eulenspiegel ist zwar ein Narr, aber diesmal hat er die Wahrheit gesagt."

◇ **1** Was sagen die Personen in Bild 1, Bild 2, Bild 4 und Bild 6?
Probiert aus, wie sie miteinander sprechen.
Achtet besonders auf Mimik und Gestik.

- lebendige Vorstellungen beim Lesen entwickeln
- Texte inszenieren

▶ Theater spielen S. 162, 163
▶ Leben auf dem Land S. 50
▶ Hör-CD: Nr. 1/24

Übungskiste

Texte entflechten

Schule früher – Schule heute

① Morgens wird der Ofen im Klassenzimmer eingeheizt.
② In unserer Klasse haben wir eine Leseecke und Computer.
③ Im Internet können wir schnell Informationen finden.
④ In unsere Klasse gehen mehr als 40 Jungen.
⑤ Die Mädchen gehen in eine eigene Klasse.
⑥ In unserer Klasse sind 13 Jungen und 12 Mädchen.
⑦ Der Lehrer bestraft uns mit dem Rohrstock.
⑧ Auf unseren Tischen stehen Tintenfässer.
⑨ Wir arbeiten oft zu zweit oder in Gruppen an einem Thema.
⑩ Im Sportunterricht fahren wir Waveboards.

◇◇ **1** Hier sind zwei Texte durcheinandergeraten. Ein Text über die **Schule früher** und ein Text über die **Schule heute**.
- Lies jeden Satz genau und überlege, zu welchem Text der Satz gehört.
- Übertrage die Tabelle ins Heft. Schreibe die passenden Zeilen auf.

- Texte genau lesen
- Textteile richtig zuordnen
- eine Tabelle anlegen

▶ Texte verstehen S. 126
▶ Wasser und Wetter S. 103

Ideenkiste

Schreiben wie früher

Das benötigst du:

- einen alten Füllfederhalter oder eine Feder
- ein Tintenfass
- ein Blatt Papier

1. Tauche den Füllfederhalter oder die Feder vorsichtig an der Spitze in die Tinte.
2. Schreibe deinen Namen oder ein Wort auf ein Blatt.
3. Wenn die Tinte nachlässt, tauche den Füllfederhalter oder die Feder erneut in die Tinte.
4. Wer kann deine Schrift lesen?

- eine schriftliche Anweisung verstehen und anwenden
- andere Schriften kennenlernen

▶ Detektive S. 149

Detektive

DIPLOM
BUTLER
Medizin für Graf Chester
Liebe Else,
heute war
Graf Chester
Hühner mist
Apfelbaum
Tulpen
Mohnblumen
Farnbüsche
Liebstöckel
Klee
Torf-erde
DÜNGER
MENÜ für Dienstag
Polenta m. Gulasch
MENÜ für Donnerstag
Suppe m. Ei
Salat
ZITRONEN CREME
Jogurt
Zitrone
2-3 E.L. Zucker
Vanille
1 Becher Sahne

Detektivbüro Bohne & Co.

Jürg Obrist

Im Detektivbüro Bohne & Co. läuft das Telefon heiß. Rund um die Uhr sind die zwei Spürnasen Kalle Bohne und Gitta Gurke im Einsatz, um Gaunern, Schwindlern und anderen zwielichtigen Gestalten das Handwerk zu legen. Selbst die verrücktesten Fälle knacken sie mit Leichtigkeit.

Und wir sind mit am Tatort! Denn wir begleiten Kalle und Gitta bei ihren Ermittlungen. Aber aufgepasst: Hier wird geschwindelt und geflunkert! Nur wer die Texte gründlich liest und die Bilder genau anschaut, findet die Spur zu dem Täter. Also los, Kalle und Gitta sind schon unterwegs ...

Die anonyme Notiz

Graf Vido findet in seinem Studierzimmer auf dem Salontischchen eine anonyme Notiz. Jemand will sich auf listige Art und Weise seinen Goldring erpressen – er ist ein überaus wertvolles Erbstück, das dem Grafen sehr am Herzen liegt. Gitta schaut sich den Zettel an. Niemand außer dem Grafen und den Bediensteten hat Zutritt zum Studierzimmer. Also muss die Erpresser-Notiz entweder vom Hausdiener, vom Gärtner oder von der Köchin stammen. Gitta besucht alle drei bei der Arbeit. Bald weiß sie, wer es auf Vidos Goldring abgesehen hat.

1 Welcher Bedienstete hat die Notiz geschrieben?

- Zusammenhänge erstellen
- Informationen entnehmen

Eine geheime Schreibmaschine

Catrin Jaross

Enigma ist der Name einer Geheimschreibmaschine, die der Niederländer Hugo A. Koch um 1919 erfand. Mit ihrer Hilfe wurden Funksprüche verschlüsselt, um geheime Botschaften zu versenden. Das Wort Enigma kommt aus dem Griechischen und bedeutet so viel wie Geheimnis. Die Enigma sieht fast wie eine Schreibmaschine aus, wiegt etwa 20 Kilogramm und besteht aus vier verschiedenen Bestandteilen: der Tastatur, dem Lampenfeld, dem Walzensatz und dem Steckfeld.

Die Tastatur ähnelt einer Computertastatur. Auf ihr wird die geheime Botschaft eingegeben. Im Lampenfeld befinden sich ebenfalls alle Buchstaben und daneben jeweils ein kleines Lämpchen. Durch den Walzensatz und das Steckfenster wurden die Buchstaben vertauscht, sodass zum Beispiel aus dem A ein G wurde.

Weitere Informationen kannst du im Internet nachlesen.

◇ **1** Wie heißt die geheime Schreibmaschine?

◇◇ **2** Wer könnte diese Maschine nutzen?

Detektive in Büchern, Filmen und Hörbüchern

A Die fünf Freunde, das sind Julian, George, Dick, Anne und Timmy, der Hund. Jedes Jahr treffen sie sich in den Sommerferien und erleben aufregende Abenteuer. Das erste Buch der Serie hat Enid Blyton bereits 1943 herausgegeben. Inzwischen lösten die fünf Freunde schon über 85 Fälle. (→ Siehe Seite 138/139)

B Sherlock Holmes ist einer der berühmtesten Detektive. Der englische Schriftsteller Sir Arthur Conan Doyle hat vor über 100 Jahren (1887) diese Figur mit Pfeife und Lupe erfunden. Sherlock Holmes löst seine Fälle mit großer Klugheit und genialer Kombinationsfähigkeit. Er ist körperlich fit, kann gut boxen und fechten. Dr. Watson ist sein treuer Freund und Helfer.

Lasse

Maja

C Lasse und Maja gehen in der Kleinstadt Valleby in die gleiche Klasse. Gemeinsam betreiben sie das **Detektivbüro LasseMaja** und unterstützen den Polizeichef beim Lösen heikler Fälle. Der Autor Martin Widmark und die Illustratorin Helena Willis leben und arbeiten in Schweden. (→ Siehe Seite 147)

D Kalle Blomquist will später unbedingt Detektiv werden. Wenn er einen Kriminalfall bearbeitet, ist er, wie sein großes Vorbild, mit Lupe und Pfeife unterwegs. In der Pfeife qualmt zwar kein Tabak, aber sie soll ihm helfen, seine Fälle zu lösen. Astrid Lindgren hat diesen Detektiv erfunden.

◇ **1** Von welchem Detektiv würdest du gerne mehr erfahren? Begründe.

◇◇ **2** Wer ist das große Vorbild von Kalle Blomquist?

◇◇◇ **3** Finde heraus, von welchen dieser Detektive es Bücher, Hörspiele oder Filme gibt.

- Vorwissen aktivieren
- recherchieren

▸ Detektive S. 138, 147

Die drei ??? Kids: Schrotträtsel

Ulf Blanck

Onkel Titus sah seinen Neffen herausfordernd an, dann legte er ihm die Hand auf die Schulter. „Na schön, du Meisterdetektiv. Sehen wir doch mal, ob du bei einem anderen Fall genauso scharf kombinieren kannst. Kommt mal mit, ich will euch etwas zeigen!“
Onkel Titus führte die drei Freunde zu einer großen grünen Plane am Rande des Schrottplatzes. „Helft mir mal das Ding wegzuziehen!“, sagte er und packte die Plane. Stück für Stück kam ein völlig zerstörtes Schrottauto zum Vorschein.

„Oh, Mann, wie ist denn das passiert?“, rief Peter entsetzt. „Tja, das müsst ihr herausfinden. Der Wagen steht hier schon seit einer Ewigkeit herum. Wie ist es: Schafft ihr es, dem Autowrack sein Geheimnis zu entlocken?“
Diese Herausforderung mussten die drei ??? natürlich annehmen. Ein solches Rätsel war ganz nach ihrem Geschmack, denn schließlich waren unbeantwortete Fragen ihr Spezialgebiet.
„Gut, wir übernehmen den Fall“, sprach Justus mit ernster Miene und Onkel Titus ging grinsend zurück auf die Veranda. Sofort machte sich das jüngste Detektivteam der Welt ans Werk und sie begannen mit ihrer Untersuchung.
Die gesamte vordere Hälfte des Autos war völlig zusammengedrückt. Die Motorhaube lag wie eine Ziehharmonika gefaltet direkt vor der zersplitterten Windschutzscheibe.
„Das sieht aus, als sei der Wagen mit 100 gegen eine Wand geknallt.“ Peter musterte das Wrack unbehaglich.
Bob warf vorsichtig einen Blick ins Innere.
„Man kann froh sein, dass keiner im Auto saß.“

„Woher willst du das wissen?“, fragte Peter.
Justus sah von der anderen Seite in den Wagen. „Wahrscheinlich hat Bob das Gleiche entdeckt wie ich. Die Gurte sind alle zurückgerollt. Die Türen sind verschlossen und der Schlüssel steckt nicht.“
„Vielleicht war das Ding ferngesteuert?“, überlegte Peter und rüttelte an der Tür.
Justus knetete seine Unterlippe und betrachtete die eingedrückte Vorderseite. „Wenn der Wagen gegen eine Wand gekracht ist, dann gegen keine aus Stein. Hier vorne kleben lauter Erdklumpen und vertrocknete Grasbüschel. Als ob das Ding vom Himmel auf eine Wiese gefallen ist.“
„Vom Himmel gefallen?“, wiederholte Bob ungläubig. „Dann ist es eindeutig ein UFO. Alles Unsinn mit den fliegenden Untertassen. Die Marsmenschen haben genau die gleichen Fahrzeuge wie wir.“
Peter und er kringelten sich vor Lachen.
Justus fand das nicht lustig. „Werft lieber einen Blick auf die Handbremse. Die ist nicht angezogen und der Ganghebel steht auf Leerlauf.“
„Stimmt, der Wagen konnte so einfach wegrollen“, stellte auch Peter fest. Die drei ??? hockten sich auf die Gasflasche und berieten.

◇ **1** Lest den Text mit verteilten Rollen.

◇ **2** Überlegt zu zweit. Was ist wohl mit dem Auto passiert?

Hier das Ergebnis der Beratung der drei ???:

„Also, wir glauben, dass sich die Geschichte so zugetragen hat: Jemand stellte diesen Wagen an einer geneigten Straße ab. Er oder sie verschloss die Tür und ging einkaufen oder so was. Leider vergaß diese Person die Handbremse zu ziehen und den Gang einzulegen. Das Auto begann zu rollen, donnerte die Straße runter und muss dann von einer Brücke oder so ähnlich direkt auf eine Wiese gefallen sein.“

- Informationen entnehmen
- Zusammenhänge herstellen

▶ Hör-CD: Nr. 2/11

Der Geisterzug

Enid Blyton

Die fünf Freunde Julian, Dick, Anne, George und ihr Hund Tim zelten in den Ferien im Hochmoor. Als sie von Geisterzügen hören, die in einem stillgelegten unterirdischen Tunnelsystem unterwegs sein sollen, ist ihre Neugier geweckt.

George streichelte Tim beruhigend über den Kopf und versuchte, weiter nach unten zu gelangen. Die Tritte waren alle noch erhalten und es war gar nicht schwierig, immer tiefer zu steigen. Sie hatte bald den Boden des Tunnels erreicht. Zum Glück hatte sie ihre Taschenlampe dabei und knipste sie an. Sie stand direkt vor einem Zug! War das etwa dieser Geisterzug? Ihr Atem ging schnell. Es war eine sehr, sehr alte Lokomotive, kleiner als die gewöhnlichen, ebenso die Wagen. Der Schornstein der Lokomotive war höher und die Räder anders als bei den üblichen Maschinen. Das musste der Geisterzug sein!

George zitterte vor Aufregung. Dieser Zug war uralt! Wer fuhr ihn in der Nacht? Oder fuhr er von allein? Nein, Blödsinn, Züge fahren nicht von allein. Vor lauter Staunen hatte George gar nicht an Tim gedacht. Er ging zur Lokomotive und pinkelte an eines der Räder. Dann sprang er ins Führerhaus. Das nahm George den letzten Rest ihrer Angst. Wenn Tim keine Furcht hatte, brauchte sie auch keine zu haben!

Sie begann, den Wagen zu untersuchen. Es waren vier offene Güterwagons. Mit der Taschenlampe in der Hand kletterte sie auf einen der Wagen und zog auch Tim hinauf. Sie erwartete, ihn leer zu finden. Er war aber vollgepackt mit Kisten. Sie ließ ihre Taschenlampe wieder aufleuchten und knipste sie schnell aus. George hatte ein Geräusch gehört. Sie legte sich flach auf den Boden, hielt Tim am Halsband und lauschte angestrengt. Tim passte auch auf, die Haare auf seinem Rücken standen in die Höhe. Irgendetwas klapperte.

Dann erfolgte ein Schlag und plötzlich war der ganze Tunnel hell erleuchtet. George lugte durch einen Spalt in der Seitenwand des Wagons und traute ihren Augen nicht! Ein Teil der Tunnelwand öffnete sich!

Unmittelbar vor ihren Augen glitt ein Stück der Backsteinwand zur Seite, bis sich eine Öffnung, ungefähr so groß wie der Zug, zeigte. George kauerte wie angewurzelt auf dem Boden.

Ein Mann kam durch die Öffnung. Sie war sicher, ihn schon gesehen zu haben. Er ging zur Lokomotive und sprang ins Führerhaus. George überfiel ein furchtbarer Gedanke! Wenn der Mann den Zug durch die Öffnung fahren und dann womöglich die Wand wieder schließen würde! Dann wäre sie eine Gefangene. Aber gerade als sie aus dem Wagen klettern wollte, stieß die Lokomotive einen schrillen Pfiff aus und bewegte sich langsam rückwärts auf den Schienen, wo die Öffnung war. Der Zug kam in einen anderen Tunnel. Auch hier war es taghell. George lugte wieder durch den Spalt in der Wagenwand. Große Kisten, die wie Käfige aussahen, standen zu beiden Seiten und Männer saßen und standen herum. Wo kamen die bloß her? Und was wollten sie mit dem alten Zug? „Wenn das die anderen wüssten“, flüsterte George Tim ins Ohr. „Was sollen wir denn jetzt machen, Tim?“

◇ **1** Was ist am Geisterzug anders als bei normalen Zügen? Erzähle.

◇◇ **2** Warum will George schnell aus dem Wagen klettern?

▸ Detektive S. 135

Das Buch der Bücher

Kai Haferkamp

Im Urlaub fanden die beiden Detektive Kniffel und sein Hund Knobel eine rätselhafte Flaschenpost, die einen Brief und eine Schatzkarte eines Piraten enthielt. Mit dieser gingen sie zum alten Kapitän Knut Olsen.

Wenig später saßen sie schon im Wohnzimmer eines gemütlichen alten Hauses aus grob behauenen Steinen.

„Mein Ur- ur- ur-Großvater hieß tatsächlich Ole und sein Bruder Olaf war Pirat“, brummte der alte Kapitän Knut Olsen, nachdem Kniffel sich vorgestellt und ihm die Flaschenpost gezeigt hatte.

„Es gab Gerüchte über einen Piratenschatz, aber der wurde nie gefunden.“

„Haben Sie eine Idee, was mit Jona 1 gemeint ist?“, fragte Kniffel.

„Ich kenne nur den Jona aus der Bibel“, antwortete Knut Olsen.

„Die Geschichte von Jona und dem Wal“, erinnerte sich Kniffel sofort. „Das passt ... Herr Olsen, haben Sie eine Bibel im Haus?“

Der alte Kapitän nickte.

„Natürlich“, sagte er und reichte Kniffel ein uraltes, in schwarzes Leder eingebundenes Buch. „Ein Erbstück!“

Kniffels Herz schlug augenblicklich schneller, als er den Namen auf der ersten Seite entzifferte: Olaf Olsen! Vorsichtig blätterte er die Seiten um, bis er das Buch Jona gefunden hatte.

Kapitän Olsen lehnte sich gespannt nach vorn.

„Und jetzt?“, fragte er. Kniffel runzelte die Stirn.

„Ich glaube, die seltsamen Zeichen markieren einzelne Buchstaben im Bibeltext“, sagte er schließlich.

„Ich verstehe, dann bedeutet 1,34 also Vers 1, Buchstabe Nr. 34“, vergewisserte sich Knut Olsen. Kniffel nickte.

„Fangen wir also an ...“, setzte der Kapitän hinzu.

◇ **1** Entschlüssele die Botschaft auf der nächsten Seite.

◇◇ **2** Schreibe eine eigene Geheimbotschaft so auf.

→| 1,34 – 13,11 – 6,8 – 9,35 – 4,8 – 11,47 – 7,8 – 5,6 – 12,13 – 10,27 – 8,15 – 2,14 – 14,1 – 3,14 – 5,53 – 12,55 – 6,52 – 4,3 – 14,6 |

Das Buch Jona

Kapitel 1

1 ES geschah das Wort des Herrn zu
Jona, dem Sohn Amittais: 2 „Mache
dich auf und gehe in die große Stadt
Ninive und predige, denn ihre Bos-
heit ist vor mich gekommen." 3 Aber
Jona machte sich auf und floh vor dem
Herrn. Er wollte aufs Meer und kam
hinab gen Jaffo. Und da er ein Schiff
fand, das aufs Meer fahren wollte,
gab er Fährgeld und trat hinein.
4 DA ließ der Herr einen großen
Wind aufs Meer kommen, und es
erhob sich ein großes Ungewitter,
dass man meinte, das Schiff würde
zerbrechen. 5 Und die Schiffleute
fürchteten sich und schrien ein jegli-
cher zu seinem Gott und warfen die
Ladung, die im Schiff war, ins Meer,
dass es leichter würde. Aber Jona
war hinunter in das Schiff gestiegen,
lag und schlief. 6 Da trat zu ihm
der Schiffsherr und sprach: „Was
schläfst du? Stehe auf, rufe auch du
deinen Gott an, ob er vielleicht unser
gedenke, dass wir nicht verderben."
7 UND einer sprach zum andern:
„Kommt, wir wollen losen, dass wir
erfahren, um wessentwillen es uns
so übel ergeht." Und als sie losten,
traf's Jona. 8 Da sprachen sie zu ihm:
„Sage uns, warum geht es uns so
übel? Was ist dein Gewerbe? Und wo
kommst du her? Aus welchem Lande
bist du? Und von welchem Volk bist
du?" 9 Er sprach zu ihnen: „Ich bin ein
Hebräer und fürchte den Herrn, den
Gott des Himmels, welcher gemacht
hat das Meer und das Trockene." 10
Da fürchteten sich die Leute sehr und
sprachen zu ihm: „Warum hast du
das getan?" Denn sie wussten, dass
Jona vor dem Herrn geflohen war,
denn er hatte es ihnen gesagt.
11 DA sprachen sie zu ihm: „Was
sollen wir mit dir tun, dass uns das
Meer stille werde?" 12 Jona sprach
zu ihnen: „Nehmt mich und werft
mich ins Meer, so wird es stille
werden, denn ich weiß, dass solch
großes Ungewitter über euch kommt
um meinetwillen." 13 Doch die Leute
ruderten, auf dass sie wieder an Land
kämen, aber sie konnten nicht, denn
das Meer wurde immer ungestümer
wider sie. 14 Da riefen sie zu dem
Herrn und sprachen: „Ach, Herr,
lass uns nicht verderben um dieses
Mannes Seele willen, und rechne uns

Kooperativ arbeiten mit der Ich-du-wir-Methode

Zu einem Thema haben wir oft viele Ideen.
Wenn wir miteinander darüber sprechen und zusammenarbeiten, können wir besser lernen.

Wir bilden eine Gruppe von vier Kindern und lesen den Text.

Schritt 1: Allein nachdenken
Jeder von uns arbeitet zuerst allein und denkt über das Thema nach:

- Was weiß ich schon darüber?
- Was verstehe ich nicht?
- Was könnte die Lösung für eine Aufgabe sein?

Zu meinen Gedanken kann ich mir Notizen machen.

Schritt 2: Sich mit einem Partner austauschen
Wir sprechen nun zu zweit miteinander.
Dabei ist jeder von uns einmal Sprecher und einmal Zuhörer.

- Was habe ich nicht verstanden?
- Welche Lösungen sind mir eingefallen?
- ...

Gemeinsam finden wir Lösungen für die Aufgabe.

Schritt 3: Sich in der Gruppe austauschen
Wir treffen uns in unserer Vierergruppe, stellen uns unsere Ergebnisse vor und vergleichen sie.
Wir einigen uns darauf, wie wir die Ergebnisse vorstellen wollen.

Arbeitet nach dieser Methode mit dem Text auf der folgenden Seite.

▸ eine kooperative Arbeitsform kennenlernen

▸ Früher und heute S. 118
▸ Gesund leben S. 32

Fingerabdrücke

Sandra Goller, SWR

Der Computer ist mal wieder nicht ausgeschaltet und niemand will es gewesen sein? Für einen Detektiv wäre dieser Fall leicht zu lösen, denn auf allen Dingen, die wir anfassen, hinterlassen wir Spuren: Fingerabdrücke. Jeder Fingerabdruck ist einmalig. Selbst bei Zwillingen unterscheiden sich die Linien auf den Fingerkuppen. Und egal, wie alt ein Mensch ist – das Muster bleibt dasselbe. Deshalb sucht die Polizei nach Fingerabdrücken, wenn sie Personen identifizieren möchte.

In Deutschland spielen Fingerabdrücke bei der Aufklärung von Verbrechen seit 1903 eine wichtige Rolle. Daran hat sich bis heute nichts geändert – inzwischen gewinnt der Fingerabdruck aber auch in anderen Bereichen an Bedeutung:

Seit dem 1. November 2007 werden Fingerabdrücke auch auf dem Reisepass gespeichert. Dieser elektronische Reisepass, „ePass“ genannt, soll ganz sicherstellen, dass Pass und Person auch wirklich zusammengehören.

◇ **1** Welche beiden Aussagen sind richtig?

a) Der Fingerabdruck verändert sich im Laufe des Lebens.
b) Fingerabdrücke werden im ePass gespeichert.
c) Zwillinge haben gleiche Fingerabdrücke.
d) Fingerabdrücke helfen der Polizei beim Finden von Tätern.

◇◇ **2** Finde heraus, wie du einen Fingerabdruck sichtbar machen kannst.

Einen Text mit einem Plan vergleichen

Wochenplan des Detektivbüros Lupe

11.–17. April	Fred	Hannah	Hannes	Vanessa
Montag	frei	12.00 Uhr Frau Wolke	frei	7.00 Uhr Kaufhaus Blei
Dienstag	16.00 Uhr Polizeirevier 1	14.00 Uhr Frau Wolke	frei	frei
Mittwoch	9.00 Uhr Teamsitzung	9.00 Uhr Teamsitzung	9.00 Uhr Teamsitzung	9.00 Uhr Teamsitzung
Donnerstag	9.00 Uhr Herr Ströber	7.00 Uhr Kaufhaus Blei	15.00 Uhr Dr. König	9.00 Uhr Klasse 3a
Freitag	20.00 Uhr Wildpark	21.00 Uhr Hotel am Park	7.00 Uhr Kaufhaus Blei	frei
Samstag	7.00 Uhr Schwimmhalle	frei	12.00 Uhr Kaufhaus Blei	frei
Sonntag	frei	frei	12.00 Uhr Schwimmhalle	10.30 Uhr Wildpark

Texte verstehen

◇ **1** Wer sagt etwas, das nicht stimmt?
Vergleiche mit dem Wochenplan des Detektivbüros.

Hannah: „Alle haben in dieser Woche zwei freie Tage."
Fred: „Wir sehen uns am Mittwoch um 9.00 Uhr zur Teamsitzung."
Vanessa: „Wir sind an vier Tagen im Kaufhaus Blei."
Hannes: „Mein frühester Termin beginnt um 9.00 Uhr."
Fred: „Wir haben in dieser Woche 19 Termine."
Hannah: „An fünf Tagen arbeiten wir nur zu zweit."
Vanessa: „Alle Kollegen haben in dieser Woche gleich viele Termine."

◇◇ **2** Stellt euch gegenseitig Fragen zur Tabelle.

- Informationen aus Text und Tabelle entnehmen
- Fragen formulieren

▶ Auf der Wiese S. 87
▶ Bücher und andere Medien S. 78

Stolperwörter finden

Die geheimnisvolle Notiz

Herr Schlau ein findet auf seinem Schreibtisch eine anonyme Notiz.
Jemand will ein Gemälde Mann von seiner Familie erpressen.
Detektiv Liam hat schaut sich den Zettel an.
Er zeigt ihn seiner Kollegin die Lisa.
Die beiden überlegen, wer den Zettel dort Notiz abgelegt haben könnte.
Niemand außer den Bediensteten hat Zutritt auf zu diesem Zimmer.
Also stammt die Notiz entweder von dem der Putzfrau oder dem Babysitter.
Sie wollen die beiden heute Tisch befragen.
Die Putzfrau war gestern von 10.00 Uhr bis 13.00 Uhr im Haus hinterlassen.
Liam will am also Nachmittag mit ihr telefonieren.
Lisa kommt am Abend noch war einmal wieder.
Dann kann es sie mit dem Babysitter reden.
Ob sie dem Täter auf die der Schliche kommen?

◇ **1** Lies die Geschichte Satz für Satz.
In jedem Satz passt ein Wort nicht.

◇◇ **2** Schreibe die Stolperwörter hintereinander auf.
Sie ergeben hintereinander zwei Sätze.
Kannst du jetzt den Täter ermitteln?

Mit dem roten Faden nacherzählen

Mithilfe des roten Fadens kannst du einen Text oder ein Buch gliedern und nacherzählen.

1. Schritt: Text in Abschnitte einteilen
Lies den Text und teile ihn in Abschnitte ein.

2. Schritt: Wichtige Aussagen notieren
Schreibe wichtige Aussagen oder Stichpunkte auf Kärtchen oder male Bilder.

3. Schritt: Reihenfolge festlegen
Ordne die Kärtchen in der richtigen Reihenfolge.

4. Schritt: Text nacherzählen
Erzähle mithilfe der Karten den Text oder das Buch nach.

Probiere das mit dem Text auf der nächsten Seite aus.

- eine Erzählmethode kennenlernen und anwenden

▸ Mit Geschichten umgehen S. 112
▸ Im Jahreskreis S. 175

Detektivbüro LasseMaja

Martin Widmark

Lasse und Maja sind beste Freunde und betreiben das Detektivbüro LasseMaja. In den Weihnachtsferien helfen sie Lasses Onkel im Hotel aus. Dort ist die vornehme Familie Gala mit ihrem wertvollen Besitz, dem prachtvollen Dackel Ribston untergekommen.

Lasse

Maja

„Ribston ist verschwunden!“, schreit Frau Gala. „Er ist nirgendwo in unserer Suite zu finden. Jemand muss ihn gestohlen haben!“

Ribston

„Hier ist doch etwas faul“, sagt Lasse. „Ein Hund, der zweihunderttausend Kronen wert ist, ist verschwunden. Da aber der Hund nicht aus einem abgeschlossenen Hotelzimmer abhauen kann, muss ihn jemand gestohlen haben. Wer könnte dringend Geld gebrauchen?“

„Direktor Hazelwood braucht Geld für sein Hotel“, übernimmt Maja. „Er hat sich an der Hand verletzt. Und hat die kleine Töle ihn in die Hand gebissen, als er sie sich schnappen wollte?“

„Riita und Pierre wollen zusammen ein Restaurant eröffnen. Als Startkapital brauchen sie zweihunderttausend Kronen. Was hatten die beiden in dem Zimmer neben den Galas zu suchen?“, fragt Lasse.

„Oder ist Rune Andersson, der alte Griesgram, der Dieb?“, fragt Maja. „Wieso hat er plötzlich so gute Laune? Wenn es ihm gelingt, den Hund zu verkaufen, könnte er sich die Briefmarke leisten, auf die er so scharf ist.“

Riita Heijalainen

Pierre Chaloppes

Rune Andersson

Ronny Hazelwood

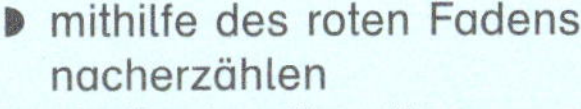
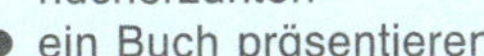

▸ mithilfe des roten Fadens nacherzählen
▸ ein Buch präsentieren
▸ Detektive S. 135
▸ Hör-CD: Nr. 2/14

Übungskiste

Versteckspiel

Heinz Janisch

Im WORT steckt der ORT
in der GIRAFFE der AFFE
im TRAUM der RAUM
im BRAUCH der RAUCH
im STRAND der RAND
in der BRILLE die RILLE
in der HECKE die ECKE
in der FLIEGE ...
im SCHOTTER ...
im KELCH ...
im REIS ...
in den KLIPPEN ...
in der HERDE ...
im STREIFEN ...
in der TASCHE ...
im BROT ...
in der PERLE ...
in den GLOCKEN ...
im SCHWEIN ...

1 Lies Zeile für Zeile.
Ab Zeile 8 musst du herausfinden,
welche Wörter versteckt sind. Ergänze die Zeilen.

2 Finde neue Wortpaare und schreibe sie so auf.
In TANNE steckt ANNE, in FLIEDER die ...

- Textstrukturmerkmale erkennen
- eigene Texte nach Mustern schreiben

Ideenkiste

Geheime Schriften

Du kannst deinen Freunden
geheime Botschaften schreiben,
ohne dass andere sie lesen können.
Voraussetzung:
Nur der Empfänger kennt den geheimen Code.

Vokal-Code: Wur truffun uns uuf dum Spuulplutz.
Ersetze alle Vokale durch ein **u** oder einen anderen Vokal.
Schwerer wird es, wenn du auch noch die Lücken
zwischen den Wörtern weglässt:
WartraffananSaafdamSpaalplatz.

Trenn-Code: Se henw irun smor genu mfü nfuh rams ee?
Reihe die Wörter aneinander und trenne sie
an falschen Stellen.

Zahlen-Code: 13,5,9,14 14,1,13,5 9,19,20 5,13,9,12
Schreibe zuerst die 26 Buchstaben des Alphabets mit
Abstand nebeneinander und dann die Zahlen von 1 bis 26
unter die Buchstaben.
Dein Partner braucht natürlich die gleiche Liste.

A	B	C	D	E	F	G	H	I	J	K	L	M	N	O	P	Q	R	S	T	…
1	2	3	4	5	6	7	8	9	10	11	12	13	14	15	16	17	18	19	20	…

1 Verständigt euch zu zweit auf einen geheimen Code.
Einer schickt eine Nachricht, der andere beantwortet sie.

- Informationen entnehmen
- Zusammenhänge herstellen
- Geheimschrift verwenden

▸ Früher und heute S. 131

Gefühle

Jetzt fühlst du dich ...

◇ **1** Stelle ein Gefühl pantomimisch dar.

- einer Text-Bild-Kombination Informationen entnehmen
- szenisch spielen

▸ Gefühle S. 165

Gefühle sind wie Farben

Margret Fischer

Wenn dich etwas traurig und unglücklich macht,
ist alles **rabenschwarz**, wie dunkle Nacht.

Wenn du sehr zornig bist und so voller Wut,
ist alles **feuerrot**, so wie im Ofen die Glut.

Wenn du dich wohl fühlst und ganz geborgen,
ist alles himmelblau wie ein Sommermorgen.

Wenn du froh bist und kannst sogar glücklich sein,
ist alles goldgelb wie heller Sonnenschein.

Wenn du dich gut fühlst – voll Unternehmungslust,
ist alles grasgrün wie eine Wiese im August.

Wenn du dich einsam fühlst und so ganz allein,
ist alles grau wie ein Tag ohne Sonnenschein.

Wenn du dich heiter fühlst und siehst lustig aus,
ist alles bunt wie ein Sommerblumenstrauß.

Wenn du dich verliebt fühlst und kriegst einen Kuss,
ist alles rosarot wie ein Herz mit Zuckerguss.

1 Arbeitet in Gruppen.
Lest euch das Gedicht mehrmals durch.

2 Verteilt die acht Strophen unter euch, jeder liest mindestens eine Strophe.
Ein Kind liest vor, die anderen lesen leise mit.

3 Übt euren Vortrag und präsentiert ihn vor anderen Kindern.

- Gefühle darstellen
- ein Gedicht gemeinsam vortragen

Was ist Glück?

Elke Loewe

Piggeldy wollte wissen, was Glück ist. „Frederick“, fragte Piggeldy seinen großen Bruder, „Frederick, sag mir, was Glück ist.“ „Nichts leichter als das“, antwortete Frederick, „komm mit.“ Piggeldy folgte Frederick.

Sie liefen auf dem Deich hintereinander her und die Vögel sangen und in den Weiden sauste der Wind. „Das Glück ist stets bei den Mutigen, die vorangehen“, sagte Frederick. „Aha“, sagte Piggeldy, rannte nach vorn und ging nun als Erster. Frederick folgte Piggeldy.

„Und wo finden wir das Glück?“, fragte Piggeldy. „Wart's ab“, sagte Frederick. „Immer warten“, maulte Piggeldy. „Glück kommt und geht“, sagte Frederick. „Hast du ihm etwa Beine gemacht?“, fragte Piggeldy. „I wo!“, sagte Frederick. „Glück hat keine Beine.“ „Was hat Glück dann, wenn es keine Beine hat?“, fragte Piggeldy.

„Glück hat manchmal vier Blätter“, sagte Frederick geheimnisvoll. „Nur vier Blätter?“, fragte Piggeldy enttäuscht. „Nur vier Blätter“, antwortete Frederick bestimmt. „Die Weide da hat aber Millionen Blätter, du Dösbaddel!“, rief Piggeldy. Er fiel vor Lachen den Deich hinunter, zog Frederick mit sich und beide landeten mit dem Maul im Gras. „Ich hab echt die Schnauze voll von deinen blöden Erklärungen!“, jammerte Piggeldy. „Oh! Du hast ein vierblättriges Kleeblatt gefunden!“, brummte Frederick mit vollem Maul.

„Und du auch!“, nuschelte Piggeldy.

„Schwein gehabt!“, rief Frederick begeistert.
„Was hat Schwein gehabt?“, fragte Piggeldy.
„Glück“, sagte Frederick versonnen.
Der Wind sang in den Halmen
und die Grashüpfer hüpften im Gras.
„Wie schöön!“, freute sich Piggeldy.

„So einfach kann Glück sein.
Schnauze voll und schon ist es da!“
„Manchmal“, sagte Frederick,
„muss man sie eben voll haben,
um das Glück zu erkennen.“

„Genau“, sagte Piggeldy zärtlich.
„Du hast Glück, dass ich dein kleiner Bruder bin,
sonst müsstest du immer einsam und allein
durch die Gegend laufen.“

Und Piggeldy ging mit Frederick nach Hause.

◇◇ **1** Was macht Piggeldy und Frederick glücklich?

◇ **2** Was macht dich glücklich?

◇◇◇ **3** Informiere dich zum Thema **Glücksbringer**.

- Informationen entnehmen
- über Gefühle nachdenken
- recherchieren

▸ Hör-CD: Nr. 2/15

Inga und ich machen Menschen glücklich

Astrid Lindgren

Als wir im Herbst wieder mit der Schule angefangen hatten, sagte die Lehrerin eines Tages, wir sollten uns immer bemühen, andere Menschen glücklich zu machen.

Am Nachmittag saßen Inga und ich auf unserer Küchentreppe und sprachen darüber. Und da beschlossen wir, sofort damit anzufangen, Menschen glücklich zu machen. Das Schlimme war nur, wir wussten nicht genau, wie wir es anstellen sollten. Wir wollten es daher einmal mit Agda, unserem Hausmädchen, versuchen. Wir gingen zu ihr in die Küche. Sie rieb gerade den Fußboden. „Trampelt mir nicht auf dem Fußboden herum, wenn er noch nass ist“, rief sie. „Agda“, sagte ich, „kannst du uns etwas nennen, was wir tun könnten, um dich glücklich zu machen?“

„Ja, das kann ich! Wenn ihr sofort aus der Küche verschwindet und mich in Ruhe reiben lasst, dann macht mich das unglaublich glücklich!“ Wir gingen. Aber wir fanden es nicht besonders erfreulich, auf diese Art Menschen glücklich zu machen. „Wir versuchen es mit Großvater“, sagte Inga. Und wir gingen zu Großvater. „Ah, das sind doch sicher meine kleinen Freunde, die da kommen!“, sagte Großvater. „Nun bin ich aber glücklich!“ Das war doch auch ärgerlich! Wir waren kaum zur Tür herein, da war Großvater schon glücklich. Da gab es für uns ja nichts mehr zu tun. „Großvater“, sagte Inga, „erzähle uns nur nicht, dass du schon glücklich bist. Wir wollen etwas tun, damit du glücklich wirst. Du musst uns helfen und dir etwas ausdenken. Die Lehrerin hat gesagt, wir sollen andere Menschen glücklich machen.“

„Ihr könntet mir vielleicht aus der Zeitung vorlesen!“, schlug der Großvater vor. Ja, natürlich konnten wir das. Aber das taten wir doch so oft, es war doch nichts Besonderes.

Plötzlich rief Inga: „Du armer, armer Großvater, dauernd hockst du hier oben in deinem Zimmer! Es wird dich sicher sehr glücklich machen, wenn wir einmal mit dir spazieren gehen.“

Großvater sah aus, als sei er nicht sonderlich begeistert von diesem Vorschlag, aber er versprach uns, mitzukommen.

Wir gingen also. Inga und ich nahmen den Großvater in die Mitte und führten ihn, denn er kann ja selbst nicht sehen, wo er geht.

Durch ganz Bullerbü zogen wir mit ihm und erzählten und berichteten ihm die ganze Zeit, was wir sahen.

Es hatte angefangen ein wenig zu wehen und zu regnen, aber das kümmerte uns nicht. Wir hatten uns in den Kopf gesetzt, Großvater glücklich zu machen.

Plötzlich sagte Großvater: „Glaubt ihr nicht, es reicht jetzt? Ich würde gern nach Hause gehen und mich hinlegen."

Da führten wir Großvater wieder auf sein Zimmer zurück und er zog sich sofort aus und legte sich ins Bett – dabei war es noch nicht einmal Abend. Inga stopfte die Decken fest um ihn. Großvater sah etwas müde aus.

Bevor wir gingen, fragte Inga: „Großvater, wann bist du heute am glücklichsten gewesen?" Wir glaubten beide, er würde sagen, er wäre auf dem Spaziergang am glücklichsten gewesen.

Aber Großvater sagte: „Am glücklichsten, Kinder, war ich heute, als ich ... ja, als ich in mein molliges, weiches Bett kriechen konnte. Denn ich bin sehr müde."

Dann mussten Inga und ich Schularbeiten machen. An diesem Tag hatten wir keine Zeit mehr, weitere Menschen glücklich zu machen. Wir waren auch nicht sicher, ob unsere Art, Menschen glücklich zu machen, richtig war.

◇ **1** Der Großvater hatte einen eigenen Vorschlag, wie die Mädchen ihn glücklich machen könnten. Lies die Textstelle vor.

◇◇ **2** Warum wollten die Mädchen andere Menschen glücklich machen?

◇◇◇ **3** Warum zweifeln die Mädchen an ihrer Art, andere Menschen glücklich zu machen? Begründe.

Angst

Moni Port

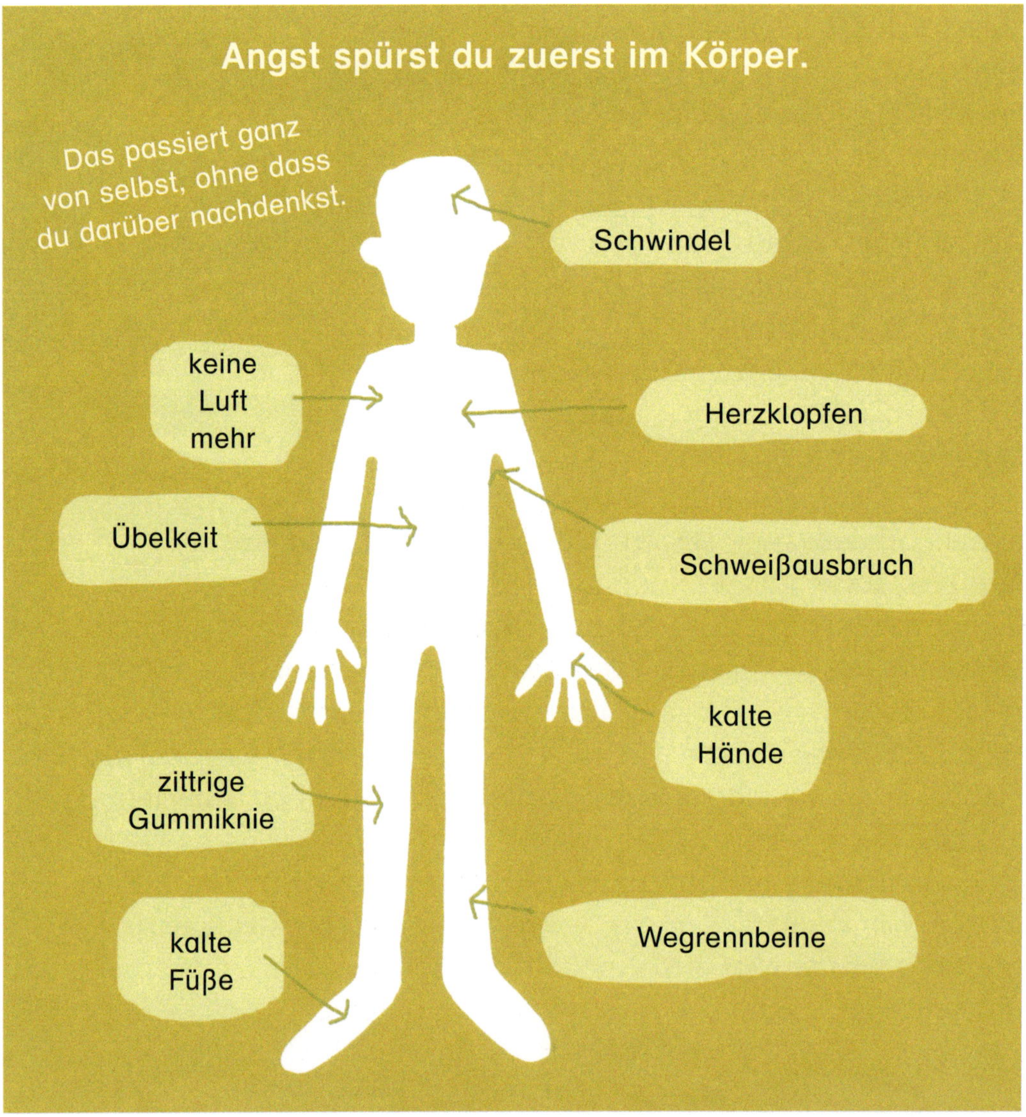

Angst spürst du zuerst im Körper.
Das passiert ganz von selbst, ohne dass du darüber nachdenkst.
Schwindel
keine Luft mehr
Herzklopfen
Übelkeit
Schweißausbruch
kalte Hände
zittrige Gummiknie
Wegrennbeine
kalte Füße

◇ **1** Arbeitet zu zweit. Schaut euch die Abbildung an und erklärt sie euch gegenseitig.

◇◇ **2** Erzähle einem Partner, wo du die Angst in deinem Körper fühlst.

◇◇ **3** Welche anderen Körperreaktionen kennt ihr? Erzählt.

MONI PORT
DAS MUTIGE BUCH

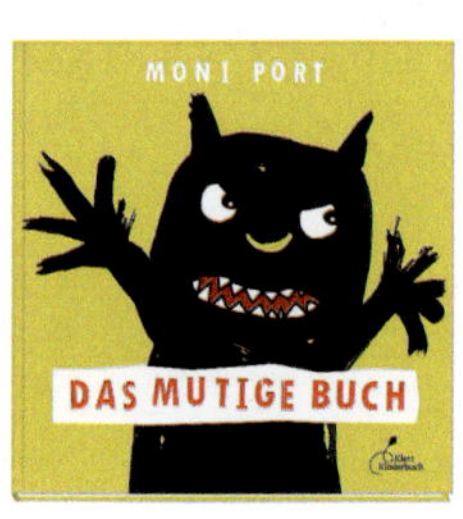

▸ Lernen lernen S. 158

Die Mutprobe

Marliese Arold

Dort, wo die Straße aufhört, führt ein schmaler Feldweg bergab. „Du traust dich nie, da runterzufahren!“, meinte Leo. „Wetten, dass du dir vor lauter Angst in die Hose machst?“ Marco ärgerte sich. Klar, sein Freund Leo fuhr viel besser Inline-Skates als er. Und der Feldweg war zwar geteert, aber voller Schlaglöcher. Er sah verflixt steil aus. „Feigling“, spottete Leo. „Ich bin kein Feigling“, behauptete Marco. „Dann beweis es doch.“ Leo grinste. Marco zögerte. Es kribbelte in seinem Bauch, wenn er hinunterguckte. Unten machte der Feldweg einen Bogen nach links. Linkskurven schaffte Marco schon ganz gut. „Na gut“, murmelte er. „Ich tu’s.“ Sein Mund war ganz trocken. Er überzeugte sich, dass seine Schützer und der Helm richtig saßen. Wenn er bloß schon unten wäre! Doch ein Zurück gab es jetzt nicht mehr, wenn er sich nicht blamieren wollte. Marco holte tief Luft und fuhr los. Die Skates gewannen an Tempo, wurden schneller und schneller. Marco wusste nicht, wie ihm geschah. Unheimlich! In der Aufregung hatte Marco vergessen, wie man bremst. Er biss vor lauter Angst die Zähne zusammen. Im letzten Moment konnte er einem Schlagloch ausweichen. Dann war er unten, aber er hatte so viel Tempo, dass er die Linkskurve nicht packte, sondern geradeaus weitersauste. Er holperte übers Gras. Als er sich wunderte, dass er überhaupt noch auf den Skates stand, gab es einen Ruck, und er flog nach vorne ins Gebüsch. Mitten in die Brombeeren! Marco heulte vor Wut, Schreck und Erleichterung. „Hast du dir wehgetan?“, schrie Leo von oben. Seine Stimme klang jetzt besorgt.

◇ **1** Wie fühlt sich Marco vor, während und nach der Mutprobe?

◇◇ **2** Woran erkennst du, wie er sich fühlt?

- Informationen entnehmen
- eine Perspektive einnehmen
- Gefühle beschreiben

Clustern

1. Schritt: Thema aufschreiben
Ich nehme mir ein Blatt, schreibe das Thema in die Mitte und kreise es ein.

2. Schritt: Mein Wissen zum Thema aufschreiben
Ich überlege, was ich zu diesem Thema schon weiß. Das schreibe ich in Schwarz auf. Stichpunkte, kleine Sätze und Zeichnungen ordne ich um das Thema herum an. Ich kreise meine Ideen ein und ziehe Verbindungslinien.

3. Schritt: Text lesen
Ich lese den Text.

4. Schritt: Informationen aufschreiben
Neue Informationen, die ich aus dem Text entnehme, schreibe ich in Blau in das Cluster.

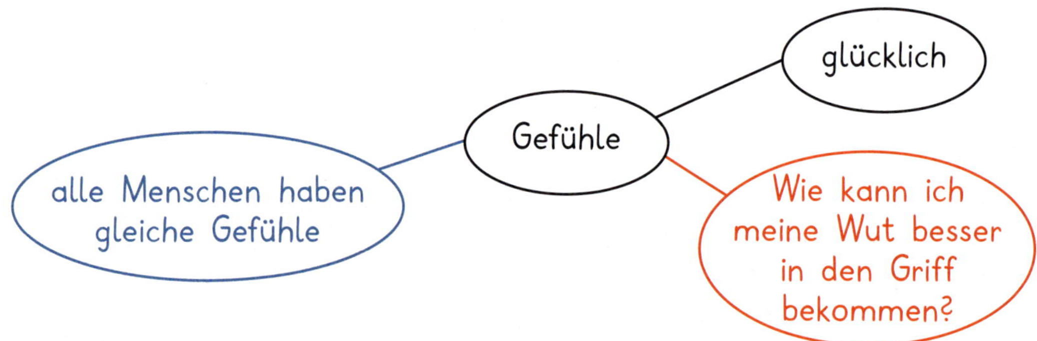

5. Schritt: Fragen aufschreiben
Wenn ich noch Fragen habe, notiere ich diese in Rot in dem Cluster.

Probiere das mit dem Text auf der nächsten Seite aus.

Lernen lernen

- eine Cluster-Notationsform kennenlernen

▶ Gesund leben S. 29
▶ Gefühle S. 156

Gefühle? Gefühle!

Sonja Romahn

Ganz egal, ob man ein Kind oder ein Erwachsener ist, ob man hier lebt oder weit weg: Alle Menschen haben von Geburt an die gleichen Gefühle. Wir sind mal wütend oder auch mal traurig, haben manchmal Angst, oder wir freuen uns. Der einzige Unterschied ist, wie deutlich wir unsere Gefühle zeigen dürfen. Das lernen wir von unseren Eltern und auch von anderen wichtigen Menschen unserer Umgebung, zum Beispiel Freunden, Nachbarn oder auch Lehrern.

Gefühle sind sehr wichtig. Sie helfen dir, dich selbst und die Welt um dich herum zu verstehen. Wenn du zum Beispiel wütend bist, ist das ein Hinweis darauf, dass gerade etwas passiert, das dir nicht gefällt. Dein Gefühl sagt dir: „Ich finde es falsch, was hier passiert!“ Und plötzlich hast du genug Mut, um deine Meinung zu sagen oder etwas anzusprechen, das du ändern möchtest.

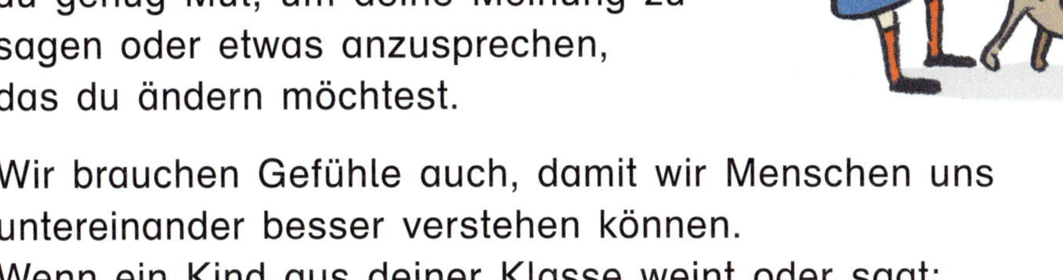

Wir brauchen Gefühle auch, damit wir Menschen uns untereinander besser verstehen können. Wenn ein Kind aus deiner Klasse weint oder sagt: „Ich bin traurig“, dann weißt du genau, wie sich das anfühlt. Du verstehst sehr gut, wie es diesem Kind jetzt geht und kannst es besser trösten und ihm helfen.

Gefühle ausdrücken

Gedicht mit Gefühl

Ausgeprünzelt, hingepauft,
losgewürzelt, reingeschrauft,
plötzlich in ein Maschwumpf wufzen,
klatzen, plürzen, treupfen, schnufzen.
Und dann zweimal Knatschpurps prallern,
da soll Nullmann drüberschnallern.

Dieses Gedicht aus Fantasiewörtern
kann man ganz verschieden vortragen.

◇ **1** Probiere aus und lies so:

Du bist furchtbar wütend:	laut und schnell
Du findest das Gedicht komisch:	lache dabei
Du findest das Gedicht langweilig:	gähne dabei
Du findest das Gedicht traurig:	mit weinerlicher Stimme
Du findest das Gedicht wichtig:	mit erhobenem Zeigefinger

◇◇ **2** Arbeitet zu zweit.
Einer liest das Gedicht, der andere errät das Gefühl.
Wechselt euch ab.

- ein Gedicht vortragen
- Gestik, Mimik und Stimme gezielt einsetzen

▸ Mit Gedichten umgehen S. 110

▸ Hör-CD: Nr. 2/16

Ein Gedicht ausdrucksvoll vortragen

Der Sperling und die Schulhofkinder

James Krüss

Ein Sperling, der von ungefähr
zu einem Schulhof kam,
erstaunte über das, was er
auf diesem Hof vernahm.

Ein Mädchen sprach zu Meiers Franz:
„Du alter Esel du!“
Da sprach der Franz:
„Du dumme Gans bist eine blöde Kuh!“

Der Walter sprach zum dicken Klaus:
„Mach Platz, du fetter Ochs!“
Da rief der Klaus:
„Du fade Laus, pass auf, dass ich nicht box!“

Zum Peter sprach Beate nun:
„Du Affe, geh hier weg!“
Da rief der Peter: „Dummes Huhn,
ich weiche nicht vom Fleck!“

Der Sperling meint, er hör nicht recht.
Es tönte allenthalb:
„Du Schaf! Du Floh! Du blöder Hecht!
Du Hund! Du Schwein! Du Kalb!“

Der kleine Sperling staunte sehr.
Er sprach: „Es schien mir so,
als ob ich auf dem Schulhof wär;
doch bin ich wohl im Zoo!“

1 Bereite das Gedicht für einen Vortrag vor.
Überlege: Wo kann ich Pausen machen, meine Stimme verändern, Mimik und Gestik nutzen?

2 Trage das Gedicht vor und lass dir eine Rückmeldung geben.

- ein Gedicht vortragen
- Gestik, Mimik und Stimme gezielt einsetzen

▸ Lernen lernen S. 55
▸ Mit Geschichten umgehen S. 75
▸ Hör-CD: Nr. 2/17

Eine Geschichte nachspielen

Geschichten können wir gemeinsam nachspielen.

1. Schritt: Text lesen
Wir lesen den Text mehrmals.

2. Schritt: Fragen zum Text stellen
Wir sprechen über den Inhalt der Geschichte.
Dabei helfen uns die W-Fragen.

3. Schritt: Theaterstück planen
Wir besprechen:
- Was tun die Figuren?
- Warum tun sie das?
- Wer sagt was?
- Wie reden sie miteinander?
- Welche Dinge (Requisiten) benötigen wir?

4. Schritt: Theaterstück organisieren
Wir verteilen die Rollen.
Wir besorgen die Requisiten.

5. Schritt: Theaterstück üben
Wir probieren unsere Ideen aus und üben.
- Wir experimentieren beim Spiel mit unserer Stimme, mit unserer Körpersprache (Gestik) und mit unserem Gesichtsausdruck (Mimik).
- Wir beobachten uns gegenseitig beim Spiel und geben uns Rückmeldung.

6. Schritt: Theaterstück aufführen
Wir führen unser Theaterstück auf.

Probiert das mit dem Text auf der nächsten Seite aus.

- eine Methode zur Gestaltung und Präsentation eines Textes kennenlernen

▸ Theater spielen S. 128
▸ Ich – du – wir S. 16

Warum das Schwein weinte

Iwan Krylow

Ein Schwein, das auf einem Bauernhof lebte,
hörte, wie sich die Menschen stets
mit seinem Namen beschimpften.
Die Magd sagte zum Knecht:
„Du hast mich belogen, du bist ein Schwein!"
Der Bauer sagte:
„Dieser Händler ist ein Schwein, er hat uns betrogen!"
Und die Bäuerin schalt die Magd:
„Wie schmutzig und unordentlich ist die Küche.
Das ist doch eine Schweinerei!"

So ging es fort, und das Schwein kränkte sich
immer mehr und mehr darüber.
Eines Tages, als es wieder zuhören musste,
wie man seinen Namen missbrauchte,
legte es sich in seinem Koben nieder und weinte.
Im Stall war aber auch ein munterer kleiner Esel.
„Warum weinst du?", fragte er voll Anteilnahme das Schwein.
„An meiner Stelle würdest du auch weinen",
schluchzte das Schwein.
Und es erzählte alles dem Esel.
Der Esel hörte mitfühlend zu und sagte:
„Ja, das ist wirklich eine Schweinerei!"

- einen Text szenisch gestalten und präsentieren
- Rückmeldung geben

▸ Theater spielen S. 128

▸ Hör-CD: Nr. 2/18

Übungskiste

Das Hemd des Glücklichen

nach Leo Tolstoi

Ein Zar war schwerkrank und versprach: „Die Hälfte meines Reiches will ich dem geben, der mich wieder ___ macht!“ Da versammelten sich alle Weisen des Landes und beratschlagten, wie sie den ___ heilen könnten. Aber niemand wusste Rat. Nur ein Weiser erklärte: „Wenn man einen glücklichen Menschen findet, ihm sein Hemd auszieht und es dem Zaren anlegt, dann wird der Zar gesund werden.“ Darauf schickte der Zar Boten aus, die in seinem weiten Reich einen ___ Menschen suchen sollten. Aber es gab keinen einzigen ___, der mit allem wahrhaft zufrieden und deshalb glücklich gewesen wäre.

Da ging einmal spät am Abend der Zarensohn an einer armseligen Hütte vorüber, und er hörte, wie drinnen jemand sagte: „Nun ist, Gott sei Dank, meine ___ geschafft, ich habe gut verdient, ich bin satt und kann mich ruhig schlafen legen. Was wünsche ich noch? Ich wüsste es nicht!“ Den Zarensohn erfasste eine große ___. Er schickte Boten zu dem glücklichen Menschen, um ihm gegen schweres Gold sein Hemd ___. Aber der Glückliche war so arm, dass er gar kein ___ hatte.

gesund
krank

Zaren
Prinzen

traurigen
glücklichen

König
Menschen

Urlaub
Arbeit

Freude
Trauer

abzukaufen
zu stehlen

Tuch
Hemd

1 Lest den Text zu zweit und setzt passende Wörter ein.

▸ Texte sinnverstehend lesen
▸ Sätze sinnvoll ergänzen

▸ Hör-CD: Nr. 2/19

Ideenkiste

Gefühle raten

Gefühle darzustellen und zu erkennen, macht viel Spaß.
Alle Kinder können mitmachen.

Das benötigt ihr:
Stift, kleine Zettel

So geht's:
- Überlegt euch alle gemeinsam möglichst viele Wörter für Gefühle, zum Beispiel traurig, fröhlich, mutig, beleidigt oder ängstlich.
- Schreibt jeweils ein Wort auf einen Zettel.

traurig | fröhlich | mutig | ängstlich

- Überlegt euch nun einen ganz einfachen Satz, beispielsweise: **Morgen kommt Luna zu mir.** Merkt ihn euch.
- Jetzt zieht jeder einen Zettel und liest ihn leise für sich.
- Der Reihe nach spricht jeder den Satz mit dem Gefühl, das auf seinem Zettel steht. Setzt dabei Mimik und Gestik ein. Die anderen müssen raten, welches Gefühl gemeint ist.

- zusammenarbeiten
- Gestik, Mimik und Stimme gezielt einsetzen

▶ Texte verstehen S. 41
▶ Ich – du – wir S. 27
▶ Gefühle S. 150

Im Jahreskreis

Das Jahr hat viele Farben

Robert Delaunay: Window 1912

1 An welche Jahreszeiten erinnert euch das Bild?

▸ ein Kunstwerk betrachten

frühling

Arne Rautenberg

frühling
frühmer
frühbst
frühter
somling
sommer
sombst
somter
herling
hermer
herbst
herter
winling
winmer
winbst
winter

◇ **1** Was ist das Besondere an diesem Gedicht?

◇ **2** In welchen Versen stehen die Namen für die vier Jahreszeiten?

◇◇ **3** Wie verändern sich die Wörter?

- ein Gedicht lesen
- die Besonderheiten eines Gedichts erkennen

▶ Hör-CD: Nr. 2/20

Jahreszeiten-Rätsel

Pascale Hédelin

Draußen sind nur wenige Tiere zu sehen. Einige Raben sitzen krächzend auf einem dünnen Ast. Nichts bewegt sich, man könnte meinen, alles wäre ausgestorben. Aber nein, viele Pflanzen ruhen sich nur aus und die Tiere, die fortgezogen sind, bleiben möglichst in ihrem Versteck. Sie sparen die Kräfte für den nächsten Frühling.

Tagsüber singen die Zikaden, die verliebt im Baum hocken. Abends zirpen die Grillen tief im Gras verborgen ihr Konzert. In dieser Jahreszeit sind die Abende länger als im Frühling und die Tiere nutzen die abendliche Kühle, um sich draußen zu bewegen.

Das Wetter wird milder und die Sonne scheint immer öfter. Wenn die Tage länger werden, endet der Winter. Die Natur, die in den letzten Monaten vor Kälte erstarrt war, erwacht von Neuem. Alle Lebewesen werden aktiv. Man könnte sagen, das Leben wird neu geboren.

Am Morgen ist es häufig ganz grau und regnet. Das Wetter wird kühler und feucht. Abends wird es früher dunkel, die Tage werden wieder kürzer. Die Blätter an den Bäumen färben sich hübsch gelb, rot und braun und fliegen im Wind.

◇ **1** Ordne jedem Rätsel eine Jahreszeit zu. Begründe.

◇◇ **2** Schreibe ein Rätsel zu einer Jahreszeit.

▸ Texte verstehen S. 126

Faschingstraditionen

Es gibt verschiedene Traditionen und Namen des Faschingsfestes. Je nach der Region in Deutschland nennt man das Faschingsfest Karneval, Fasching, Fasnet oder die Fastnacht.
So unterschiedlich die Namen des Festes sind, so unterschiedlich sind auch die Traditionen beim Feiern. Fast überall beginnt die Faschingszeit am 11. November ab 11.11 Uhr und endet am Aschermittwoch.

In der Stadt Köln in Nordrhein-Westfalen gibt es am Rosenmontag einen riesigen Karnevalsumzug. Zehntausend Mitglieder von Tanzgruppen, Karnevalsvereinen und Musikkapellen gestalten den Karnevalsumzug. Die Künstler fahren auf Karnevalswagen oder laufen auf den Straßen der Stadt, um ihr Können zu präsentieren. Es gibt jedes Jahr circa eine Millionen Zuschauer, die sich die Kostüme und die Darstellungen der Künstler anschauen.
Die Mainzer Fastnacht in Rheinland-Pfalz ist berühmt für eine Feier in einem großen Saal mit vielen Sketchen, Musik, Tanzvorstellungen und Büttenreden.
Eine „Bütt“ ist eine Tonne und wer auf die „Bütt“ steigt, darf über alles reden und meckern.
Mit Büttenreden sollen die Zuschauer zum Nachdenken und zum Lachen gebracht werden. Die Zuschauer lachen über die Witze oder denken über die Rede nach.
Im Süden Deutschlands versuchen die Menschen, dem Winter Angst einzujagen. Sie verkleiden sich mit Holzmasken und grusligen Kostümen, um den Winter zu vertreiben.
Die Fastnachtszeit wird mit einem großen Feuer beendet.

◇ **1** Wie nennt man das Faschingsfest in Deutschland?

◇◇ **2** Wie unterscheiden sich die Feste? Berichte.

◇ **3** Wie feiert man das Faschingsfest in eurer Region?

- Informationen entnehmen
- über eigene Erfahrungen sprechen

Hans Benjamin der Hase

James Krüss

Herr Theodor, der Rabe,
kriegt einen sanften Blick.
Ihm scheint auf seinem Birkenbaum
die Sonne ins Genick.

Da schwingt er sich vom Aste,
fliegt fort, so schnell er kann,
und klopft auf einem Roggenfeld
bei einer Wühlmaus an.

Die Wühlmaus Mimi Meier
ist gar nicht sehr erbaut,
weil sie dem Raben Theodor
aus gutem Grund misstraut.

Doch Theodor sagt leise
und voller Höflichkeit:
Verzeihen Sie, die Sonne scheint,
und Ostern ist nicht weit!

Eiwei! piept Mimi Meier.
Sie schlüpft in ihren Bau
und putzt sich für die Osterzeit
wie jede andre Frau.

Dann huscht sie durch die Gänge
in flinkem Mauselauf
und sucht, weil nun bald Ostern ist,
den Bau des Hasen auf.

Hans Benjamin, der Hase,
wacht auf und macht hatschi.
Er rümpft die Nase siebenmal
und fragt: Was wünschen Sie?

Die Wühlmaus Mimi Meier
ruft: Ach, du liebe Zeit,
die Sonne scheint, Hans Benjamin,
und Ostern ist nicht weit.

Wie? Was? Es ist schon Ostern?
Empfehl mich, mit Verlaub!
dann springt er wie ein Blitz davon,
und Mimi schluckt den Staub.

Hans Benjamin, der Hase,
läuft zickzack auf dem Feld,
schießt Purzelbaum im Sonnenschein
und freut sich an der Welt.

Er springt zu allen Hasen,
schlüpft in den Bau und schreit:
He, aufgewacht! Die Sonne scheint,
und Ostern ist nicht weit!

Da tummeln sich im Grünen
die Hasen fern und nah.
Und plötzlich weiß die ganze Welt:
Die Osterzeit ist da.

Sorbische Eier herstellen

Das Herstellen von sorbischen Eiern ist eine alte Tradition der Sorben.

Die Sorben leben in der Lausitz. Die Region Lausitz liegt in den Bundesländern Sachsen und Brandenburg. Die Sorben sprechen deutsch und sorbisch und haben ihre eigenen Bräuche.

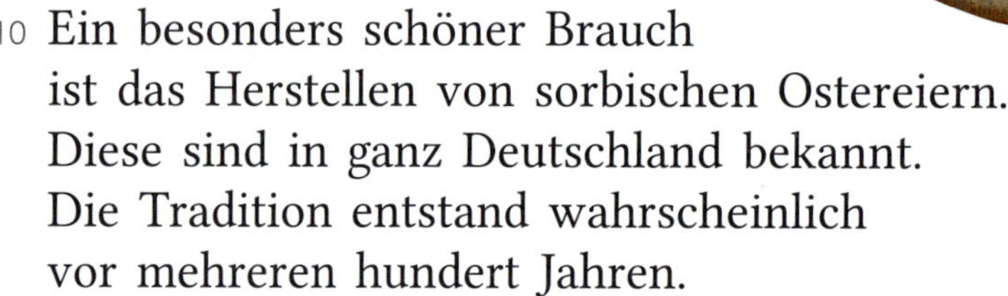

Ein besonders schöner Brauch ist das Herstellen von sorbischen Ostereiern. Diese sind in ganz Deutschland bekannt. Die Tradition entstand wahrscheinlich vor mehreren hundert Jahren.

Traditionell bemalten die Sorben am Karfreitag Ostereier und schenkten sie am Ostersonntag ihren Patenkindern. Noch heute feiern einige Sorben diese Tradition. Es gibt unterschiedliche Techniken für das Verzieren der Ostereier, wie zum Beispiel die Reserviertechnik oder die Bossiertechnik.

Das benötigt man zum Verzieren der Eier mit der Reserviertechnik:

- Gänsefedern
- Stecknadeln in einen Stift gesteckt
- Bienenwachs
- weißen Kerzenwachs
- ausgeblasene Eier
- Ostereierkaltfarben
- Schmelzvorrichtung

1. Zeichengeräte vorbereiten

Die Sorben nutzen verschiedene Zeichengeräte, die sie zuerst vorbereiten müssen. Die Gänsefedern schneiden sie nach dem gewünschten Muster zu. Um Punkte zeichnen zu können, stecken sie Stecknadeln in die Enden von Bleistiften. Mit den Stecknadelköpfen können Punkte auf das Ei getupft werden.

2. Wachs mischen

Die Künstler benötigen zum Betupfen der Eier Wachs. Dazu mischen sie zu gleichen Anteilen Bienenwachs und Kerzenwachs.

3. Wachs erwärmen in Schmelzvorrichtung

Um das Wachs zu schmelzen, wird eine besondere Schmelzvorrichtung benötigt. Wichtig dabei ist, dass das Wachs nicht kocht.

4. Ei verzieren

Die Feder oder die Nadel tunken die Sorben in das heiße, geschmolzene Wachs. Anschließend tupfen sie mit dem Nadelkopf oder mit der Feder das Wachs auf das Ei. Nun färben sie das Ei mit einer hellen Ostereierkaltfarbe. Nach dem Trocknen der Farbe verzieren die Künstler das Ei erneut mit dem Wachs.

Danach färben sie das Ei noch einmal mit einer anderen Ostereikaltfarbe. Dieser Vorgang wird beliebig häufig wiederholt.

5. Wachs entfernen

Am Schluss entfernen die sorbischen Künstler das Wachs.

◇ **1** Wofür sind die Sorben in Deutschland bekannt?

◇ **2** Was muss man beim Schmelzen des Wachses beachten?

Sommer auf Balkonien

Rusalka Reh

In diesen Sommerferien bleiben wir zu Hause. Lenka, Bruni, Mama, Papa und ich.

Bruni ist unsere Katze. Sie frisst wie ein Schäferhund und braucht dafür massenhaft Futter und hinterher Klostreu. Lenka ist meine Schwester. Sie ist sechs Jahre alt. Meistens spricht sie sehr fein. Aber lesen kann sie noch nicht, denn sie kommt erst nach den Sommerferien in die Schule. Ich heiße Pontus. Ich bin bald acht. Meine Eltern sind fuchsteufelsschlau und arbeiten viel. Ihr Büro ist bei uns zu Hause. Mama sagt, wer einer Katze Klostreu kaufen kann, der ist nicht arm. Trotzdem fliegen wir nicht sonst wohin, weil wir schließlich keinen Goldesel haben, sagt sie, und weil das außerdem Dreck in der Luft macht. Wir bleiben zu Hause.

„Wir fahren zwar nicht in die Ferien“, sagt Mama beim Frühstück noch einmal und klopft auf ihr Ei, „aber wir haben uns überlegt: Ihr dürft den großen Balkon den Sommer über ganz für euch allein haben.“

„Ja.“ Papa nickt und schneidet sein Brötchen auf. „Nur, Runterspringen ist, bitte schön, verboten.“

Ich verschlucke mich vor lauter Glücksglucksen an meinem Orangensaft. Lenka klopft mir auf den Rücken. Der große Balkon für uns allein? Den ganzen Sommer lang?

„Dann machen wir ja ...“, rufe ich.

„Ferien auf Balkonien!“, ruft Lenka.

Zwei Wochen bevor die Ferien anfangen, legen wir schon los: Jeden Tag schleppen wir Sachen hinaus.

◇ **1** Sammelt Ideen für Balkonien und gestaltet euer eigenes Balkonien in einem Karton oder auf einem Plakat.

Sabine Rothmund

1 Welche Überschrift passt auch zu dem Comic?

„Hilfe, es brennt!“ | Der verlorene Schlüssel | Die Tunnelrutsche

2 Erzähle die Geschichte von Adrian und Odilo im Freibad.

- eine Überschrift zuordnen
- eine Bildergeschichte mit eigenen Worten wiedergeben

▸ Mit Geschichten umgehen S. 146

Mittsommer

Redaktion KinderZEIT

Mitten in der Nacht im Garten sitzen und ein Buch lesen, ohne dass man eine Lampe braucht: Das geht im Sommer an vielen Orten in Nordeuropa. Der hellste Tag des Jahres ist der 21. Juni.

Auf der Nordhalbkugel der Erde gibt die Sonne alles: Zu keinem anderen Zeitpunkt geht sie so früh auf und so spät unter. Je weiter man Richtung Norden fährt, desto länger bleibt es hell. An diesem Tag beginnt im Kalender der Sommer. Das wird in vielen Ländern gefeiert, zum Beispiel in Schweden mit dem Mittsommerfest.

„Wir feiern, dass Sommer ist, und stellen eine midsomarstång auf. Das ist eine Art Baum, den wir mit Blättern und Blumen schmücken“, erklärt Rebekka. Sie ist sieben Jahre alt und lebt in der Nähe der Stadt Stockholm in Schweden. „Die Menschen fassen sich an den Händen und tanzen im Kreis um die Stange herum“, erzählt Mikael. In der Mitte stehen Musiker in Trachtenanzügen und spielen auf Geigen Kinderlieder.

Die Mädchen putzen sich zum Mittsommerfest heraus.

Sie tragen helle Sommerkleider und oft Blumen in den Haaren. „Mit Löwenzahn kann man tolle Kränze und Ringe machen“, erklärt die sechsjährige Anna. „Dazu nimmt man noch andere Blumen, blaue oder weiße.“

Für Mädchen gibt es einen alten Brauch: Sie sollen auf neun Wiesen neun Blumen sammeln und sich diese Sträußchen unters Kissen legen. Im Traum erscheint ihnen der Mann, den sie später heiraten.

Fest steht auch das Essen: eingelegter Hering und Kartoffeln.

Viele Kinder dürfen mit ihren Familien feiern bis tief in die Nacht.

◇ **1** Suche im Text drei Informationen, die du dir merken willst. Schreibe sie auf.

◇ **2** Sucht zu zweit zu jedem Foto eine passende Textstelle.

◇◇ **3** Erkläre diesen Satz aus dem Text: **Je weiter man Richtung Norden fährt, desto länger bleibt es hell.** (Zeile 7)
Recherchiere im Internet unter *www.blinde-kuh.de* mit den Suchwörtern **Mittsommernacht** oder **Polartag**.

- Textstellen suchen und erklären
- recherchieren

Herbst

Josef von Eichendorff

Es ist nun der Herbst gekommen,
hat das schöne Sommerkleid
von den Feldern weggenommen
und die Blätter ausgestreut,

vor dem bösen Winterwinde
deckt er warm und sachte zu
mit dem bunten Laub die Gründe,
die schon müde gehen zur Ruh.

Herbstvergnügen-Rondell

Sventje Marquardt

Das Laub verfärbt sich in eine bunte Pracht.
Der Wind weht sacht durch die Bäume.
Hinunter fallen bunte Blätter.
Der Wind weht sacht durch die Bäume.
Die Kinder lassen bunte Drachen steigen.
Auf dem Boden liegen riesige Laubhaufen.
Der Wind weht sacht durch die Bäume.
Ein Igel verkriecht sich schnell im Laub.

◇ **1** Übe, das Gedicht **Herbst** ausdrucksvoll vorzulesen.
Trage es in der Klasse vor.

◇ **2** Was gefällt dir am Herbst?
Schreibe Herbstsätze auf und lies sie vor.
Es regnet bunte Blätter. Morgens ist es kalt und neblig. …

◇◇ **3** Schreibe selbst ein Rondell zum Herbst.

▸ ein Gedicht vortragen
▸ Schreibmuster nutzen

▸ Mit Gedichten umgehen S. 92

▸ Hör-CD: Nr. 2/23

Halloween

Viele Kinder wissen, dass man sich zu Halloween als Geist, Hexe oder Skelett verkleidet. Aber warum feiert man Halloween eigentlich und aus welchem Land stammt dieser Brauch?

Das Wort Halloween ist eine Abkürzung für den englischen Begriff „All Hallow's Eve". Hallow bedeutet im Englischen heilig und Eve bedeutet Abend. Halloween wird am Abend des 31. Oktobers gefeiert.

Früher feierten die Kelten in England am 31. Oktober ein Erntedankfest. Es war der letzte Tag im keltischen Kalender. Man verabschiedete den Sommer und bedankte sich für die Ernte. Die Priester der Kelten glaubten, dass in der Nacht der Herr der Finsternis alle bösen Seelen zu sich ruft und in Tiere verwandelt.

Viele Jahre später veränderte sich der Brauch. Die Menschen glaubten, dass Kobolde und Hexen in dieser Nacht herumspukten. Sie wollten die Hexen und Kobolde verscheuchen, deshalb verkleideten sie sich gruselig und machten ein Lagerfeuer an. Sie dachten, dass das Feuer und die gruselige Verkleidung die Bösen vertreibt.

◇ **1** Klärt gemeinsam unbekannte Wörter.

◇◇ **2** Wie feierten die Kelten früher den Abend des 31. Oktobers?

◇ **3** Feiert ihr Halloween? Berichtet.

- unbekannte Wörter klären
- über eigene Erfahrungen sprechen

Das Sternchen

Anne Geelhaar

Ein kleiner Tropfen schwamm im großen Meer.
„Komm!“, rief die Sonne zu ihm.
„Warum?“, fragte das Tröpfchen.
„Weil du verreisen sollst!“
Die Sonne hob das Tröpfchen
hoch in den Himmel hinauf und
schickte es auf die Reise.
In einem weißen Wolkenkahn fuhr es
mit vielen Brüdern durchs Blaue.
Kalt war es hier oben und die Tropfen froren.
Was sollten sie tun? Sie rückten zusammen
und schliefen und träumten ein bisschen.
Indessen segelte das Schiff über sieben Länder
und sieben Seen und über sieben Täler bis zu
dem grauen Wolkenbahnhof bei den sieben Bergen.
Die Reisenden erwachten.
Wo werde ich landen?
Auf einem Baum?
Im Kelch einer Blume?
In einem Bach?
Auf einem Acker?
Auf einem Grashalm?
Auf einem Turm?
Auf einem Dach?
In einem Strom?
Auf einer Nase?
In einer Regentonne?
Auf einer Straße?
Oder gleich im Meer,
wo alle Tropfen zu Hause sind?
Dies fragte sich unser Tröpfchen und – staunte
und tanzte vor Freude.
Wie schön meine Brüder geworden sind!
Und ich? Ich auch!
Weiß wie ein Sternchen sehe ich aus!

Sachte, ganz sachte drehte es sich,
hüpfte und wirbelte durch die Luft.
Es wollte lange, recht lange
schön sein und tanzen.
Doch näher, immer näher heran
glitten der grüne Wald,
die kleine Stadt
mit ihren roten Dächern und mittendrin,
flimmernd und bunt, der Weihnachtsmarkt.
„Hier gefällt es mir! Hier ruhe ich mich aus!“
Unser Tropfen, der nun ein Sternchen war,
setzte sich auf Annettes Zopf.
Da glitzerte er wie Perlenschmuck.

1 Erzähle, was mit dem kleinen Tropfen geschehen ist.

2 Zu welcher Jahreszeit endet die Reise des kleinen Tropfens?

3 Stelle dir vor, das Tröpfchen wäre woanders gelandet.
Denke dir eine Geschichte aus.

- lebendige Vorstellungen zu einem Text entwickeln
- Perspektiven einnehmen

▸ Mit Geschichten umgehen S. 113
▸ Wasser und Wetter S. 104

Weihnachtspost aus Australien

Luisa Hartmann

Liebe Annika,

wie geht es dir? Mir geht es gut. Es ist sehr heiß hier, und ich muss mich immer daran erinnern, dass in zwei Wochen Weihnachten ist. Wir haben hier ja Sommer.

Gestern war ich mit Mama und Kevin einkaufen. Wir trugen Shorts und T-Shirts und schwitzten viel. Kevin sagte plötzlich: „Stellt euch mal vor, in Deutschland liegt jetzt Schnee."

Habt ihr Schnee? Manchmal bin ich schon traurig, dass wir dieses Jahr in den Weihnachtsferien nicht nach Österreich zum Ski fahren fahren werden, andererseits ist Schwimmen und Surfen ja auch nicht ohne, oder?

Nicky aus meiner Klasse hat mir erzählt, dass sie an Weihnachten zum Strand fahren und dort ein Picknick veranstalten. Kannst du dir das vorstellen? Ich nicht.

Mama hat ein Plastikbäumchen gekauft, das nehmen wir dann mit. Ich finde das ja etwas doof, aber Mama sagt, sie will in weihnachtliche Stimmung kommen. Ob ihr das gelingen wird, bei über dreißig Grad?

In der Schule üben wir fleißig Christmas Carols, so heißen hier die Weihnachtslieder. Nächste Woche soll es in Sydney einen Event namens Carols by Candlelight geben. (Du siehst, ich fühle mich schon recht heimisch hier. ☺) Das haben sie vor vielen Jahren in Melbourne angefangen: Tausende von Menschen stehen nachts zusammen, halten eine brennende Kerze und singen Weihnachtslieder. Man sagt, die Kerzen spiegeln den Sternenhimmel wider. Ein schöner Gedanke, findest du nicht auch?

Mama hat uns aus Deutschland Adventskalender schicken lassen. Auf meinem ist eine Schneelandschaft zu sehen und ein paar Kinder rodeln einen Abhang hinunter. Sie sind dick

eingemummelt, haben rote Nasen und Bäckchen und lachende Gesichter. Wenn ich das Bild ansehe, bekomme ich Heimweh. Weißt du noch, wie wir im letzten Jahr Bratäpfel gemacht haben? Die ersten waren ja ungenießbar, aber die zweite Ladung hat prima gescheckt. Hmmm, das hätte ich jetzt gerne: Bratapfel mit Vanillesoße. Oder besser Vanilleeis, dann ist es nicht so warm. Ich bin mal auf das Weihnachtsessen hier gespannt. Es gibt Truthahn. Außerdem gibt es Plumpudding. Ich habe mir richtigen Pudding drunter vorgestellt, wie unseren Schokopudding. Aber es ist eher ein Kuchen. Unsere Nachbarin hat letzte Woche damit angefangen, denn nach dem ersten Backen muss er vier Wochen im Kühlschrank ruhen.

Ist das nicht irre? Ich glaube nicht, dass ich ihn probieren werde, denn es ist Orangeat und Zitronat drin, und du weißt ja, dass ich das nicht mag. Erinnert mich an den Stollen, den es bei Oma immer gab, den mochte ich auch nie. Allerdings heißt es, dass im Weihachtsplumpudding ein Glücksbringer versteckt ist. Den hätte ich schon gerne...

Plätzchen kennen die hier nicht, zumindest nicht die, die wir zu Hause immer gebacken haben. Mama sagt, wir backen nächste Woche ein paar Bleche und verteilen sie an unsere Nachbarn, damit sie auch einmal probieren können, wie gut unsere deutschen Weihnachtsplätzchen schmecken.

Liebe Annika, ich muss jetzt aufhören, denn wir gehen heute noch an den Strand zum Surfen. Ich vermisse dich und schicke dir sonnige Grüße.

Deine Julia

◇ **1** Wie feiern die Australier Weihnachten?

◇◇◇ **2** Wie versucht die Mutter, die Kinder in Weihnachtsstimmung zu bringen?

◇◇ **3** Würdest du gerne in Australien Weihnachten feiern? Begründe.

- Informationen entnehmen
- lebendige Vorstellungen zu einem Text entwickeln

Das Mädchen mit den Schwefelhölzern

Hans Christian Andersen

Es war entsetzlich kalt an diesem Winterabend. Nur ein kleines, armes Mädchen ging immer noch durch die Straßen und versuchte, seine Schwefelhölzer zu verkaufen. Aber alle Leute wollten so schnell wie möglich zu ihrem warmen Ofen und kümmerten sich nicht um die Kleine, die leise bat: „Kaufen Sie mir bitte meine Schwefelhölzer ab!“ An den Füßen trug das Mädchen Pantoffeln, aber die waren viel zu groß, weil sie ihrer toten Mutter gehört hatten. Als sie einem vorbeifahrenden Wagen ausweichen wollte, stolperte sie und fiel hin. Die Kleine verlor die Pantoffeln, mit denen sich zwei Jungen aus dem Staube machten.

Da ging nun das Mädchen auf seinen nackten, kleinen Füßen, die vor Kälte rot und blau waren. Während des ganzen Tages hatte ihr niemand etwas abgekauft. Hungrig und zitternd vor Kälte schlich die Kleine einher und sah ganz jammervoll aus. In einem Winkel zwischen zwei Häusern kauerte sie sich auf die Erde. Die kleinen Hände waren vor Kälte schon fast erstarrt.

Plötzlich hörte das kleine Mädchen ein Lachen und sah ein Licht, das aus einem Fenster kam. Zitternd und ohne Gefühl in den Beinen stellte sie sich auf die Zehenspitzen und schaute über das Fensterbrett. Was sie dort sah, war wunderschön: Zwei Kinder spielten fröhlich vor dem Weihnachtsbaum, und der Vater heizte den Ofen an. Das kleine Mädchen starrte auf den Ofen, aus dem die Funken sprühten. Wie gerne hätte sie sich ihre Hände daran gewärmt. Wie wohl musste man sich in diesem Haus fühlen! Wie glücklich doch alle aussahen an diesem Weihnachtsabend. „Vielleicht, wenn ich ein Schwefelhölzchen anzünde ...“, dachte das Mädchen, „Ein Schwefelhölzchen mehr oder weniger, das macht ja nicht viel aus. Und vielleicht kann ich mich damit ein klein wenig erwärmen?“ Also zündete sie ein Schwefelhölzchen an. Sie brauchte sehr lange dazu, da ihre Hände ganz steif vor Kälte waren. Sie träumte von der Wärme und stellte sich vor, wie der Ofen aus dem Haus zu ihr kam und ihr „frohe Weihnachten“ wünschte. Wie schön! Wie wunderbar war das!

Das Schwefelhölzchen erlosch, und der ganze Zauber wurde jäh unterbrochen. In sich gekauert, von aller Welt verlassen, saß das kleine Mädchen in seinem Winkel zwischen zwei Häusern. „Schwefelhölzer, möchte jemand Schwefelhölzer?“, stammelte sie, obwohl sie wusste, dass niemand vorbeikommen würde.

Sie erinnerte sich an jenes Schwefelhölzchen, das ihr so schöne Träume geschickt hatte, und wollte ein neues anzünden. Ich hab ja noch genug übrig, dachte sie. Ihre Zähne klapperten vor Kälte, als sie ein neues Hölzchen anzündete. Und mit dem Licht vermehrten sich die Wunder. Jetzt war es ein reich gedeckter Tisch, auf dem alle leckeren Speisen standen, die für ein Abendessen an Weihnachten üblich waren: gebratener Truthahn, gefüllte Kartoffeln, Gemüse, Kuchen, Obst … Der Truthahn stellte sich ganz vorne hin und schien zu sagen: „Komm her und iss mich!“ Das kleine Mädchen roch sogar den köstlichen Duft, der von dem Braten ausging. Sie streckte ihre zitternden Hände aus, und als sie gerade von dem Essen nehmen wollte … schwupp, da war das Schwefelhölzchen abgebrannt.

Sie zündete ein weiteres Hölzchen an. Mit dem Schein der Flamme änderte sich der Traum. Diesmal sah das Mädchen eine Familie an einem Tisch versammelt. Sie tranken, aßen und sangen Weihnachtslieder. Bittere Tränen flossen über das Gesicht des kleinen Mädchens.

Vor nicht allzu langer Zeit hatte auch ihre Familie jedes Jahr zusammen Weihnachten gefeiert. Dann waren sie von ihr gegangen, und in ihrem Haus gab es keine Freude mehr, keine Wärme, keine Lieder. Je schneller die Nacht verging, desto strenger wurde die klirrende Kälte. Nur unter großen Schwierigkeiten konnte sie ein weiteres Hölzchen entzünden.

Am nächtlichen Sternenhimmel erschien für einen Moment eine Gestalt, die sie gut kannte. „Großmutter, Großmutter“, rief sie. Es war wirklich ihre Großmutter. Sie hatte das Mädchen am liebsten gehabt, und jetzt kam die Großmutter vom Himmel herunter! Das kleine Mädchen war so überrascht, dass sie nicht merkte, als das Schwefelhölzchen erlosch.

In Windeseile zündete sie den ganzen Rest ihrer Hölzchen an, denn sie wollte die Großmutter nicht wieder fortlassen.
„Großmutter, geh nicht fort!“, bat das Mädchen. „Hab keine Angst, mein Kleines, ich bin ja schon bei dir. Ich lebe jetzt an einem Ort, wo es niemals dunkel wird, wo es keine Kälte, keinen Hunger und keine Furcht gibt. Auch deine Eltern leben an diesem Ort. Uns fehlt es an nichts.“
Das Mädchen kniete sich nieder. „Großmutter, o nimm mich mit! Ich weiß, dass du fort bist, sobald das Schwefelhölzchen erlischt!“
Die Schwefelhölzchen verbreiteten einen solchen Glanz, dass es heller wurde als am lichten Tag. Die Großmutter war früher nie so schön, so groß gewesen. Sie nahm das Mädchen auf ihre Arme, und beide flogen in Glanz und Freude hoch. Dort oben fühlte sie keine Kälte mehr, keinen Hunger, keine Furcht.
Unten in der Stadt schlugen die Glocken zwölf Uhr.

Aber im Winkel zweier Häuser saß in der kalten Morgenstunde das kleine Mädchen mit roten Wangen und lächelndem Mund – tot, erfroren am Weihnachtsabend.
Niemand ahnte, was sie Schönes gesehen hatte,
in welchem Glanz sie zur Großmutter
zur Weihnachtsfeier eingegangen war.

◇ **1** Was sieht das Mädchen, als es in ein Fenster schaut?

◇◇◇ **2** Warum sieht das Mädchen seine Großmutter vor sich?

Wie soll ich den Schnee beschreiben?

Bashabi Fraser

Meine Verwandten baten:
Beschreib uns den Schnee!
Nur hab ich keine Ahnung, wie.
Wie soll ich erklären,
Wie weich er fällt,
Wie sanft er
Unsern Garten füllt,
Wie feucht er sich anfühlt,
Wenn er auf mir landet,
Wie frisch er unter
Den Sohlen knirscht,
Wie schnell er einen
Hang runterrutscht,
Wie dick er in unserem
Schulhof liegt,
Wie leicht er sich zu
Einem Ball rollen lässt,
Wie schnell er aus
Meiner Hand herausschießt
Und gegen den Rücken
Meines Freundes fliegt,
Und wie er dann schließlich
Zu Pulver zerstäubt
Und im Schnee auf dem Spielplatz
Verschwindet?

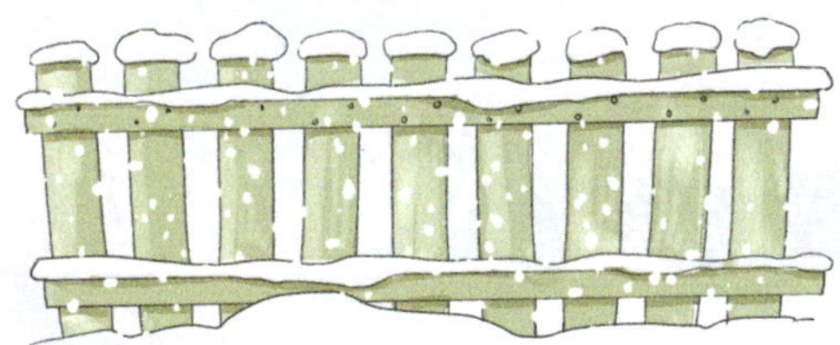

Übungskiste

Fehler im Text finden

Die vier Jahreszeiten

Der Frühling beginnt am 20. März. Tag und Nacht sind dann genau gleich lang. Von da an werden die Tage länger und wärmer. Gänseblümchen, Narzissen und Tulpen blühen. Die Bäume bekommen neue grüne Zähne.

Der Sommer beginnt am 21. Juni. Dieser Tag ist der längste im Jahr. Im Sommer blühen auf den Wiesen und in den Gärten viele Blumen. Unzählige Insekten krabbeln und fliegen umher, zum Beispiel Bienen, Schmetterlinge, Libellen, Frösche, Käfer und Mücken.

Im Herbst werden die Tage wieder kürzer. Die Äste der Bäume färben sich bunt und fallen dann ab. Es wird kühler und oft neblig. Viele kleine Tiere sammeln Vorräte für den Winter, manche futtern sich dick, wie der Igel. Die Zugvögel fliegen in wärmere Länder.

Im Dezember, wenn die Tage am kürzesten sind, beginnt der Winter. Es wird dann manchmal so kalt, dass Teiche und Seen zufrieren. Die Kinder freuen sich, wenn es schneit. Im Winter feiern wir Weihnachten, Ostern und Karneval.

◇ **1** In jedem Abschnitt ist ein Fehler versteckt. Finde ihn.

- sinnverstehend und genau lesen
- Vorwissen aktivieren

Ideenkiste

Mit Gestik und Mimik vortragen

Der Bratapfel

Volksgut

Kinder, kommt und ratet,
was im Ofen bratet!
Hört, wie's knallt und zischt.
Bald wird er aufgetischt,
der Zipfel, der Zapfel,
der Kipfel, der Kapfel,
der gelbrote Apfel.

Kinder, lauft schneller,
holt einen Teller,
holt eine Gabel!
Sperrt auf den Schnabel
für den Zipfel, den Zapfel,
den Kipfel, den Kapfel,
den goldbraunen Apfel!

Sie pusten und prusten,
sie gucken und schlucken,
sie schnalzen und schmecken,
sie lecken und schlecken,
den Zipfel, den Zapfel,
den Kipfel, den Kapfel,
den knusprigen Apfel.

◇ **1** Tragt das Gedicht mit mehreren Kindern vor. Ihr könnt den Vortrag auch mit Geräuschen gestalten.

- ein Gedicht vortragen
- Gestik, Mimik und Stimme gezielt einsetzen

▸ Mit Gedichten umgehen S. 110

▸ Hör-CD: Nr. 2/26

Wichtige Fachwörter

Absatz / Abschnitt

▸ Seite 14, 52, 126
Ein Absatz oder ein Abschnitt ist ein Teil des ▸ Textes. Du erkennst ▸ Absätze daran, dass zwischen ihnen eine leere Zeile steht.

Alphabet

▸ Seite 42, 84
Das Alphabet ist die Liste aller Buchstaben von A bis Z.

Autorin / Autor

▸ Seite 62, 64, 78
▸ Geschichten, ▸ Gedichte oder Bücher werden von einer Autorin oder einem Autor geschrieben. Den Namen findest du häufig unter der Überschrift, am Ende des Textes oder auf dem Buchdeckel.

Bücherei

▸ Seite 67
In einer Bücherei kannst du Bücher und andere ▸ Medien ausleihen. Eine Bücherei nennt man auch Bibliothek.

CD-ROM

▸ Seite 66
Auf einer CD-ROM sind Daten, Musik und Filme gespeichert. Du kannst leere CD-ROMs nutzen, um Daten zu speichern.

Cluster

▸ Seite 158
In einem Cluster kannst du Ideen und Informationen geordnet aufschreiben.

Comic

▸ Seite 175
Ein Comic ist eine bestimmte Art von Bildergeschichte. Was die Personen sagen oder denken, steht meistens in Sprechblasen.

Detektivgeschichte / Krimi

▸ Seite 132–149
Detektivgeschichten und Krimis sind spannende ▸ Geschichten, in denen es um das Aufdecken eines Unrechts oder eines Verbrechens geht.

Diagramm

▸ Seite 36, 38
Du kannst mithilfe des Diagramms Informationen ablesen und vergleichen.

E-Mail

E-Mail ist die Abkürzung für den englischen Begriff „electronic mail“. Das heißt auf Deutsch „elektronische Post“. Eine E-Mail ist ein Brief, den du über das Internet verschickst. Um eine E-Mail zu schreiben oder bekommen zu können, brauchst du eine E-Mail-Adresse.

Erzähler
▸ Seite 94, 162
Der Erzähler ist eine vom Schriftsteller erdachte Person, zum Beispiel ein Kind, das eine Geschichte erzählt.

Fabel
▸ Seite 70, 71
Eine Fabel ist eine kurze Geschichte, aus der man etwas lernen soll. Meistens sind die Hauptfiguren in Fabeln Tiere. Sie haben menschliche Eigenschaften und können sprechen. Oft steht am Ende der Fabel eine Lehre.

Gedicht
▸ Seite 11, 99, 170
Ein Gedicht besteht aus ▸ Versen oder Verszeilen. Die Wörter am Ende der Verse reimen sich oft.

Geschichte
▸ Seite 12, 68, 100
Eine Geschichte ist ein ▸ Text, in dem etwas erzählt wird. Geschichten können interessant, spannend, lustig oder auch traurig sein.

Gestik
▸ Seite 41, 165, 189
Mit Gestik ist die Körpersprache gemeint. Sie drückt sich in Bewegungen und in der Körperhaltung aus. Du kannst Gefühle wie Freude oder Wut ausdrücken und ablesen.

Grafik
▸ Seite 36, 104, 114, 156
Grafiken vermitteln Informationen in Form von Bildern, Zeichnungen oder Schaubildern,
▸ Diagrammen und Symbolen.

Homepage
▸ Seite 13, 65, 177
Jede Homepage hat ihre eigene Adresse im ▸ Internet. Willst du eine Seite im Internet besuchen, musst du die richtige Adresse eingeben. *www.erhard-dietl.de* ist zum Beispiel die Adresse der Homepage des ▸ Autors Erhard Dietl.

Hörbuch
▸ Seite 66
In einem Hörbuch werden ▸ Geschichten, ▸ Gedichte oder ▸ Sachtexte vorgelesen.

Hörspiel
▸ Seite 66, 75
In einem Hörspiel wird ein ▸ Text von mehreren Personen gesprochen. Dazu erklingen Musik und Geräusche. Ein Hörspiel könnt ihr auch selbst aufnehmen.

Illustratorin / Illustrator
▸ Seite 62, 64
Ein Illustrator malt und zeichnet passende Bilder zu ▸ Texten.

A B C D E F G H I J K L M N O P Qu R S T U V W X Y Z

Inhaltsverzeichnis

▸ Seite 2

Ein Inhaltsverzeichnis findest du am Anfang oder am Ende eines Buches. Es gibt die Seiten an, auf denen du die ▸ Texte des Buches findest.

Internet

▸ Seite 54, 67

Durch das Internet sind Computer auf der ganzen Welt wie in einem Netz miteinander verbunden. Du kannst im Internet zum Beispiel nach Informationen suchen oder E-Mails schreiben.

Interview

▸ Seite 64, 122

Ein Interview ist eine Befragung. Der Fragesteller will dabei etwas über Personen oder Dinge herausbekommen.

Kapitel

▸ Seite 2, 10

Ein Kapitel ist ein Teil eines Buches. Meistens haben Kapitel eine eigene ▸ Überschrift oder eine Nummer.

Klappentext

▸ Seite 74

Ein Klappentext ist eine kurze Zusammenfassung vom Inhalt eines Buches oder einer CD. Er steht oft auf der Rückseite.

Krimi / Detektivgeschichte

▸ Seite 132–149

Detektivgeschichten und Krimis sind spannende ▸ Geschichten, in denen es um das Aufdecken eines Verbrechens geht.

Lexikon

▸ Seite 54

Ein Lexikon ist ein Buch, in dem du Erklärungen für Wörter nachschlagen kannst. Die ▸ Stichwörter sind nach dem ▸ Alphabet geordnet.

Märchen

▸ Seite 48, 184

Märchen sind ▸ Geschichten. Oft kommen Könige, Prinzessinnen, Tiere und Fantasiewesen darin vor. Im Märchen siegt fast immer das Gute.

Medien

▸ Seite 66

Medien können gedruckt sein, wie zum Beispiel Bücher, Zeitungen und Zeitschriften. Es gibt aber auch digitale Medien, die du anhören oder ansehen kannst: zum Beispiel CDs, ▸ CD-ROMs, DVDs, E-Books und MP3s. Dazu benötigst du spezielle Geräte wie CD-Player, MP3-Player, Fernseher oder Computer.

Mimik

▸ Seite 41, 165, 189

Mit Mimik sind die Bewegungen der Gesichtsmuskeln gemeint. Sie erzeugen einen bestimmten Gesichtsausdruck. So kannst du Gefühle wie Freude oder Traurigkeit ausdrücken und ablesen.

Notizen

▸ Seite 108, 142

Notizen sind einzelne Wörter oder kurze Sätze, die du aufschreibst, um dir etwas zu merken.

Rap

▸ Seite 58, 60

Ein Rap ist ein rhythmischer Sprechgesang. Du kannst auch Gedichte wie einen Rap sprechen.

Recherche / recherchieren

▸ Seite 54, 153, 177

Recherche meint die Suche nach Informationen. Wenn du recherchierst, forschst du nach und informierst dich über etwas.

Reim

▸ Seite 11, 58, 170

Reime sind Wörter, die ähnlich klingen. Sie kommen vor allem in ▸ Gedichten und Liedern vor.

Requisiten

▸ Seite 162

Requisiten sind die Gegenstände, die du zum Beispiel für eine Theateraufführung brauchst.

Rhythmus

▸ Seite 58, 60

Rhythmus ist eine gleichmäßige Bewegung. Musik oder Gedichte haben einen Rhythmus. Ein Rap wird mit Rhythmus vorgetragen.

Rolle

▸ Seite 75, 94, 162

Die Rolle ist der ▸ Text einer Person, zum Beispiel in einem Theaterstück. Den ▸ Text kannst du lesen oder auswendig sprechen. Die Rolle der Person oder Figur kannst du auch spielen.

Sachbuch

▸ Seite 54

In einem Sachbuch wird ein Thema in Texten und Bildern erklärt. Zum Beispiel gibt es Sachbücher zu Tieren, Pflanzen, zum Fußball, Basteln usw.

Sachtext

▸ Seite 52, 82, 109

Ein Sachtext informiert dich sachlich über ein bestimmtes Thema.

A B C D E F G H I J K L M N O P Qu R **S** **T** U V W X Y Z

Sage
▸ Seite 107, 117

Eine Sage ist eine ▸ Geschichte von wunderbaren oder schrecklichen und erstaunlichen Ereignissen, die früher an einem bestimmten Ort geschehen sein sollen. Die Geschichten wurden weitergesagt. Eine Sage hat immer wahre und erfundene Anteile.

Schwank
▸ Seite 50, 128

Ein Schwank ist eine lustige ▸ Geschichte. Oft wird im Schwank jemand hereingelegt, wie zum Beispiel in den Eulenspiegelgeschichten.

Stichwörter
▸ Seite 103, 142

Stichwörter brauchst du, wenn du in einem ▸ Lexikon etwas nachschlagen willst oder im Internet etwas zu einem Thema suchst. ▸ Notizen, die du zu einem Text machst, nennt man auch Stichwörter.

Strophe
▸ Seite 84, 93, 111

Ein ▸ Absatz oder Abschnitt in einem ▸ Gedicht heißt Strophe. Eine Strophe besteht meistens aus mehreren ▸ Versen.

Suchmaschine
▸ Seite 54

In einer Suchmaschine werden Internetseiten nach ▸ Stichwörtern geordnet. Suchst du nach einem ▸ Stichwort, bekommst du eine Liste mit Internetseiten, die zu dem ▸ Stichwort passen. Diese Suchergebnisse kannst du dann anklicken.

Szene
▸ Seite 72, 128

Eine Szene ist ein Handlungs abschnitt aus einem Buch, einem Theaterstück oder einem Film.

Tabelle
▸ Seite 78, 103, 144

In einer Tabelle werden Informationen übersichtlich und geordnet dargestellt. Eine Tabelle hat ▸ Zeilen und Spalten.

Text
▸ Seite 56, 90, 176

Mit einem Text wird etwas erzählt oder erklärt. Texte sind ▸ Gedichte, ▸ Geschichten, ▸ Sachtexte oder ▸ Märchen. Texte haben meistens eine ▸ Überschrift.

Textabschnitt / Absatz
▸ Seite 14, 52, 126

Ein Textabschnitt oder Absatz ist ein Teil des ▸ Textes.
Du erkennst Textabschitte daran, dass zwischen ihnen eine leere Zeile steht.

Theater

▸ Seite 92, 128

Beim Theater werden Texte gespielt, in denen Schauspieler und Figuren miteinander sprechen. Der Ort, an dem gespielt wird, ist die Bühne.

Titel

▸ Seite 72, 74

Jedes Buch hat einen Titel. Der Titel sagt, wie das Buch heißt und steht auf dem Umschlag.

Überschrift

▸ Seite 51, 56

In der Überschrift steht, worum es in dem ▸ Text geht. Die meisten Texte haben eine Überschrift. Sie soll zum Lesen anregen.

Verlag

▸ Seite 62

In einem Verlag werden Bücher geplant und hergestellt. Der Name des Verlags steht auf dem Umschlag des Buches.

Vers / Verszeile

▸ Seite 11, 84, 170

Eine ▸ Zeile im ▸ Gedicht nennt man Vers. Am Ende der Verse stehen oft ▸ Reimwörter.

Vortrag

▸ Seite 24, 72, 92

Wenn du zum Beispiel deine Klasse über ein bestimmmtes Thema informierst, hälst du einen Vortrag. Du kannst auch ein Gedicht oder ein Lied vortragen.

Wörterbuch

In einem Wörterbuch sind die Wörter nach dem ▸ Alphabet angeordnet. Du nutzt ein Wörterbuch, um zu erfahren, wie Wörter geschrieben werden und was sie bedeuten.

Zeile

▸ Seite 87, 124

Eine Reihe in einem ▸ Text oder in einer ▸ Tabelle nennt man Zeile. Du liest sie von links nach rechts.

Zeitschrift

▸ Seite 54

In einer Zeitschrift gibt es verschiedene Texte, Fotos und Illustrationen. Zeitschriften erscheinen in festen zeitlichen Abständen, zum Beispiel einmal im Monat.

Zeitung

▸ Seite 102

In einer Zeitung wird in Texten und Bildern über Neuigkeiten informiert. Zeitungen erscheinen in regelmäßigen, kurzen Abständen, zum Beispiel täglich oder wöchentlich.

Verzeichnis der Autorinnen und Autoren

Unbekannte und ungenannte Autorinnen und Autoren

Bildquellenverzeichnis:
akg-images GmbH, Berlin: 116 (RIA Nowosti), 135 (ClassicStock/H. Armstrong Roberts), 166 (Simultanfenster auf die Stadt, Robert Delaunay, 1912); allOver - galérie photo, Plourivo: 102 (Udo Kroener); Beltz & Gelberg in der Verlagsgruppe Beltz, Weinheim: 74 (Jenny Robsen: Tommy Mütze, Beltz und Gelberg, Juli 2015), 89 (Wieland Freud: Törtel, die Schildkröte aus McGrün, Beltz & Gelberg 2009); Blanck, Iris, Hamburg: 2 ff. (Antolin-Rabe); Bridgeman Images, Berlin: 98 (Peter Doig: Blotter, VG BILD-KUNST, Bonn 2017); Carlsen Verlag GmbH, München: 54 (Mein großes buntes Kinderlexikon), 54 (Ingrun Wimmer: Mein Forscher-Handbuch - Auf dem Bauernhof); Coppenrath Verlag GmbH & Co. KG, Münster: 140 (Detektivbüro Kniffel und Knobel - Das schwarze Phantom), 141 (Kai Haferkamp, Reiner Stolte: Detektivbüro Kniffel & Knobel: Das schwarze Phantom); DIE ZEIT, Hamburg: 54 (DIE ZEIT-Leo: „Komm mit raus!“, Mauritius Images (Junge), Frank Beer (Rassismus-Teaser), Olaf Tamm (Skateboard)); Dressler Verlag GmbH, Hamburg: 100 (Cornelia Funke: Drachenreiter © Dressler Verlag/Illustration: Cornelia Funke), 101 (Cornelia Funke: Drachenreiter); dtv Verlagsgesellschaft mbH & Co. KG, München: 132 (Jürg Obrist: Lauter klare Fälle?! © 1999, 2002, 2005 München), 133 (Jürg Obrist: Lauter klare Fälle!?, dtv junior 2012), 133 (Jürg Obrist: Lauter klare Fälle?! © 1999, 2002, 2005 München); edition assemblage, Münster: 74 (Das Wort, das Bauchschmerzen macht, edition assemblage 2014); Erhard Dietl, München: 64; Eulig, Stefanie, Paderborn: 67 (App „Drachenfest für Feuerstuhl“, Verlag Friedrich Oetinger GmbH); F1online digitale Bildagentur GmbH, Frankfurt/M.: 96 (Beate Zoellner); fotolia.com, New York: 35 (shock), 35 (andreyfire), 35 (grafikplusfoto), 82 (Incredible Arctic), 83 (erichon), 87 (Heinz Waldukat), 87 (iredding01), 87 (Jürgen Hust), 96 (M. Schuppich), 116 (Arochau), 116 (Monkey Business), 116 (WavebreakMediaMicro), 143 (Bene Images); FotoNatur.de, Ostenfeld: 87 (Holger Duty); frag finn e. V., Berlin: 54 (Screenshot www.fragfinn.de); Franckh-Kosmos Verlags-GmbH & Co. KG, Stuttgart : 136 (Ulf Blanck: Die drei ??? Kids - Chaos vor der Kamera, © 2000, 2009, Stuttgart, Illustrationen von Stefanie Wegner), 137 (Ulf Blanck: Die drei ??? Kids - Chaos vor der Kamera, © 2000, 2009, Stuttgart, Illustrationen von Stefanie Wegner); Glückschuh Verlag, Falkensee : 91 (Dorothea Fechsig: Sandor - Fledermaus mit Köpfchen); Interfoto, München: 116 (SuperStock); iStockphoto.com, Calgary: 116 (Stock photo © Christopher Futcher), 116 (petrograd99), 116 (Stock photo © Christopher Futcher); Klett Kinderbuch Verlag GmbH, Leipzig: 156 (Moni Port, Das mutige Buch, 2013), 156 (Monika Port: Das mutige Buch © Leipzig 2013); mauritius images GmbH, Mittenwald: 116 (ClassicStock/H. Armstrong Roberts), 116 (SuperStock), 116 (SuperStock), 177 (Johnér); Mirjam Boßmeyer Fotografie, Berlin: 73, 73; OKAPIA KG - Michael Grzimek & Co., Frankfurt/M.: 35 (Siegfried Kuttig/imageBROKER), 87 (Ingo Arndt), 96 (Marko Koenig/imageBROKER); Picture-Alliance GmbH, Frankfurt/M.: 35

Pusteblume
Das Lesebuch 3

Sachsen

Neubearbeitung

Zum Lesebuch 3 gehören

Lehrermaterial 3 zum Lesebuch mit DVD-ROM	978-3-507-39989-1
Kopiervorlagen 3 zum Lesebuch	978-3-507-39992-1
Hör-CD 3 zum Lesebuch	978-3-507-42526-2
Werkstatt-Heft Lesen 3	978-3-507-43439-4
Sprachbuch 3	978-3-507-39971-6
Arbeitsheft 3 SAS mit Lernentwicklungsheft	978-3-507-39977-8
Lehrermaterialien 3 mit DVD-ROM	978-3-507-39980-8
Kopiervorlagen 3	978-3-507-39983-9
Förderheft 3	978-3-507-49464-0
Forderkartei 3	978-3-507-49467-1
Arbeitsheft inklusiv 3	978-3-507-49473-2
Lernsoftware 3 download	
Einzelplatzlizenz Windows	web-507-49482
Einzelplatzlizenz Mac	web-507-49485
Netzwerklizenz für Windows und Mac	web-507-49440
Ferienheft 3	978-3-507-49509-8
DaZ-Heft	978-3-507-49524-1
Lehrermaterialien zum DaZ-Heft mit Kopiervorlagen	978-3-507-49526-5
Kompetenzen überprüfen 1–4 mit DVD-ROM	978-3-507-49489-3

westermann GRUPPE

Druck A³ / Jahr 2022
Alle Drucke der Serie A sind im Unterricht parallel verwendbar.

Redaktion: Silke Lohmeyer, Marleen Scharninghausen
Umschlaggestaltung: Künkel – Büro für Gestaltung mit einer Illustration von Bettina Kumpe
Layout: VISIO Kommunikation GmbH, Bielefeld; Annette Henko, Braunschweig; Satzteam Bleifrei, Hildesheim
Druck und Bindung: Westermann Druck GmbH, Georg-Westermann-Allee 66, 38104 Braunschweig

ISBN 978-3-507-**39986**-0

(Augenklick/Roth), 35 (ZB/Hendrik Schmidt), 123 (HARALD SCHNEIDER/APA/picturedesk.com), 125 (Heritage Images), 172 (ZB - Fotoreport, Hubert Link), 173 (ZB - Fotoreport, Hubert Link), 173 (Rainer Oettel), 177 (Chad Ehlers); Rauschenbach, Anke Kristin, Leipzig: 18 (nachillustriert nach Kerstin M. Schuld), 18 (nachillustriert nach Kerstin M. Schuld), 19 (nachillustriert nach Kerstin M. Schuld); Ravensburger Buchverlag Otto Maier GmbH, Ravensburg: 8 (Loewe Dieter/ Winzentsen Ursula/ Loewe Elke: Neue Geschichten von Piggeldy und Frederick © 2012), 54 (Das Ravensburger Grundschullexikon von A-Z © 2014), 74 (Eckart Port: Das große Ravensburger Tierlexikon. Von A bis Z, 2017), 152 (Loewe Dieter/ Winzentsen Ursula/ Loewe Elke: Neue Geschichten von Piggeldy und Frederick © 2012), 153 (Loewe Dieter/ Winzentsen Ursula/ Loewe Elke: Neue Geschichten von Piggeldy und Frederick © 2012); Sabine Rothmund, Tübingen: 175 (Der Bunte Hund - Adrian & Odilo im Freibad, www.illustrationunddesign.de); Shutterstock.com, New York: 35 (Eric Cote), 82 (Jake Dow), 87 (Christian Musat), 87 (Flo-Bo), 96 (Paul Looyen), 134 (mark higgins), 176 (Artesia Wells); Sony Music Entertainment Germany GmbH, München: 135 (EUROPA, KÜHL PR); TESSLOFF Verlag, Nürnberg: 54 (WAS IST WAS: Bauernhof - Tiere, Pflanzen und Maschinen ©2010, TESSLOFF VERLAG Nürnberg), 54 (WAS iST WAS - Heimtiere, unsere besten Freunde); Thienemann-Esslinger Verlag GmbH, Stuttgart: 31 (Otfried Preußler: Der kleine Wassermann), 31 (Otfried Preussler: Der kleine Wassermann © 1956 by Thienemann Verlag. Isbn 978-3-522-10620-7.); TV-yesterday, München: 122; Ueberreuter Verlag GmbH, Berlin: 74 (Martin Widmark: Das Hotelgeheimnis - Detektivbüro LasseMaja © Ueberreuter Verlag GmbH, Berlin (1. Auflage, 2014)); Ueberreuther Verlag, Wien: 135 (Martin Widmark: Das Hotelgeheimnis: Detektivbüro LasseMaja Bd. 19), 135 (Martin Widmark: Das Hotelgeheimnis: Detektivbüro LasseMaja Bd. 19), 147 (Martin Widmark: Das Hotelgeheimnis: Detektivbüro LasseMaja Bd. 19), 147 (Martin Widmark: Das Hotelgeheimnis: Detektivbüro LasseMaja Bd. 19), 147 (Martin Widmark: Das Hotelgeheimnis: Detektivbüro LasseMaja Bd. 19), 147 (Martin Widmark: Das Hotelgeheimnis: Detektivbüro LasseMaja Bd. 19), 147 (Martin Widmark: Das Hotelgeheimnis: Detektivbüro LasseMaja Bd. 19); Universal Music Family Entertainment, Berlin: 54 (Willi wills wissen: Wie schlau sind Tiere? Universal Music Family Entertainment - a division of Universal Music GmbH); Verlag DeBehr, Radeberg: 17 (Hannelore Börstler, aus: Karolino, das karierte Zebra, Verlag deBehr 2011, Radeberg); Verlag Friedrich Oetinger GmbH, Hamburg: 68 (Erhard Dietl, Gustav Gorky © Hamburg 2012), 68 (Erhard Dietl, Gustav Gorky © Hamburg 2012), 69 (Erhard Dietl, Gustav Gorky © Hamburg 2012), 69 (Erhard Dietl: Gustav Gorky), 135 (Jutta Bauer aus: Astrid Lindgren, Kalle Blomquist © Hamburg 1996), 155 (Astrid Lindgren: Wir Kinder aus Bullerbü, mit Bildern von Katrin Engelking), 155 (Illustration Ilon Wikland aus: Astrid Lindgren, Die Kinder aus Bullerbü © Hamburg 1988); Verlag Jungbrunnen GmbH, Wien: 174 (Aus: Rusalka Reh: Sommer auf Balkonien © 2014); Verlagshaus Würzburg GmbH & Co. KG: 106 (© „Sächsische und Böhmische Schweiz in alten Ansichtskarten“, 1992, www.verlagshaus.com); Voller Ernst GbR, Berlin: 116; Wefringhaus, Klaus, Braunschweig: 66, 66, 66, 67 (Verlag Friedrich Oetinger GmbH), 67, 67 (Verlag Friedrich Oetinger GmbH).